KB059899

새로 쓰는 출판 창업

한기호 지음

새로 쓰는 출판 창업

1인출판, 1인크리에이터로
성공하기 위한 A to Z

한국출판마케팅연구소

출판 창업은
도전해볼 가치가 있다

출판 창업이 줄을 잇고 있다. 최근 10년 동안 한 해 평균 3,500개 이 상의 출판사가 새로 등록됐다. 새로 생긴 출판사의 대부분은 1인출 판사다. 출판 창업은 의외로 쉽다. 시·군·구청에 가서 출판 등록만 하면 된다. 출판사 운영도 쉬워졌다. 디지털 기술의 발달, 외주 시스 템의 도입, 유통의 집중 등으로 혼자서도 출판사 운영이 가능해졌 다. 디지털 기술은 모든 사람을 연결하면서 비용을 크게 절감시켰 다. 기술의 발달은 끝을 모른다. 줌zoom과 클라우드를 활용하면 책 이 될 만한 원고를 빨리 만들어낼 수 있다. 하늘 아래 외주로 해결되 지 않는 일은 없다. 기획, 편집, 제작, 유통, 물류 등 출판의 주요 업 무에 대한 외주 시스템은 나날이 진화하고 있다.

  5년 뒤쯤 출판사 경영자의 하루가 어떨지 그려보자. 아침을 먹 고 커피를 타서 책상 앞에 앉는다. 스마트폰으로 책 주문 내역을 확인한다. 물류회사가 전국 모든 서점의 주문을 한눈에 볼 수 있도록 매일 데이터를 보내면 그것을 확인해 재고가 있는 책은 승인만 하면 된다. 책은 서점으로 배달될 것이고 장부는 자동으로 완성된다. 서점에서는 온라인으로 책 대금을 송금할 것이다. 재고가 없는 책은 디지털 인쇄로 제작을 발주한다. 디지털 인쇄는 50부 단위로도 가능하다.

커피 잔을 주방에 옮겨놓고 클라우드에 들어가 원고의 진행 상황을 파악하기 시작한다. 클라우드의 방마다 저자와 외주 편집자, 디자이너, 마케터가 초대되어 있다. 클라우드의 방은 100개가 넘는다. 2020년 코로나19의 등장 이후 재택근무나 원격업무가 늘어나면서 클라우드를 이용하기 시작했다. 원고가 거의 완성된 방에 들어가 라인업을 끝낸 다음 구성원들에게 최종 확인을 부탁한다. 다음으로 어제 책이 판매된 상황을 확인하고 주요 도서를 소셜 미디어에서 어떻게 홍보할지 방안을 세우기 시작한다.

팬데믹 이후 1인크리에이터의 가능성은 많이 늘어났다. 과거에는 출판사를 운영하려면 기본 인력을 확보해야만 했다. 그러나 기획부터 마케팅까지 모든 업무를 외주로 처리할 수 있게 되면서 필요한 인력은 수시로 모아 과업을 해결하고 해산하면 그만이다. 그리고 혼자서 출판사 경영뿐만 아니라 유튜브 채널 운영 등 많은 일을 할 수 있다. 외국 여행을 다니면서 어디서나 업무를 보는 일도 가능하다. 필요한 경우에는 다른 출판사의 프로젝트에 프리랜서로 참여가 가능하다.

코로나19 이후 세상은 완전히 바뀌었다. 비대면으로 화상 통화나 회의를 하면 곧바로 텍스트가 만들어진다. 노트북을 앞에 놓고 대담이나 좌담을 해도 텍스트화가 가능하다. 클라우드에 접속해 집단지성으로 빠르게 텍스트를 생산하는 일은 일상이 됐다. 21세기 벽두에 예상됐던 유비쿼터스 세상이 드디어 도래한 것이다.

운이 좋아서인지 임팩트가 강한 주제의 책을 수시로 펴낼 수 있었다. 어려서부터 함께 책을 읽으며 토론을 할 친구들이 많았다. 그들이 하는 일도 너무나 다양했다. 그들과 토론을 벌이다 맞춤한 주제가 떠오르면 빠른 결정으로 책을 펴냈다. 한번 관계를 맺은 저자들과도 좋은 관계를 꾸준히 유지할 수 있었다. 책이 팔리면 이익을 적절하게 공유했기 때문이다.

누구든 기획만 좋으면 엄청난 결과를 낼 수 있다. 수십 년 경력자도 열다섯 살 중학교 2학년 학생에게 밀리기도 한다. 개인의 삶에서도 '립프로그leapfrog(개구리 점프)' 현상이 늘 일어난다. 악조건에서 실력을 갖춘 사람이 한순간에 많은 사람을 건너뛰어 앞자리를 차지하는 경우가 다반사다. 과거에 견고했던 프레임은 '보텍스vortex(소용돌이)'가 치면 순식간에 무너진다. 어떤 소용돌이가 쳐도 살아남아야 하니 상상력을 키우기 위해 자주 여행을 떠나야만 한다. 새로 만난 사람과 토론을 벌이려면 평상시에 많은 책을 읽어야만 한다.

이런 이야기는 환상 속의 이야기가 아니다. 충분히 실현 가능한 이야기다. 하지만 예나 지금이나 성공확률이 높지 않다. 출판사 창업의 진입 장벽이 낮아진 것은 분명하지만 경쟁이 너무 심해 성공확률이 점점 줄어드는 게 문제다. 게다가 아이디어를 가진 작가들은 직접 1인출판사를 차리기 시작했다. 그들은 1인출판과 1인방송을 동시에 운영하면서 이익을 창출하기 시작했다. 어떤가! 이런 세상이 실제로 다가오고 있다. 이제 1인창업을 하려면 직접 저자로 나설 수 있어야 한다.

나는 5년 뒤 출판 현장에서 떠날 계획을 세웠다. 그리고 인생의 말년에는 독서모델학교를 세워 진정한 독서운동과 교육운동을 동시에 벌이기로 했다. 출판사는 직원들에게 물려줄 생각이다. 가능성 있는 브랜드를 최대한 만들어 편집자에게 하나씩 물려주기로 했다. 그렇다고 껍데기만 물려줄 수는 없는 일이다.

2016년 9월 9일 강릉 경포대에서 너울성 파도에 휩쓸렸다가 겨우 살아난 뒤에는 빚이나 갚고 죽자고 생각했다. 20년 가까이 출판운동이나 교육운동을 하겠다며 잡지만 줄곧 펴냈더니 빚만 잔뜩 늘어나 있었다. 나를 심적으로 지원하던 후배들에게 빌려 쓴 사채도 적지 않았다. 나는 늘 격주간 출판전문지 〈기획회의〉나 월간 〈학교도서관저널〉의 발행을 중단하면 '고생 끝 행복 시작'이라는 말을 하곤 했다. 그러나 중단할 수는 없는 일이었다. 상업출판으로도 성공할 수 있다는 것을 보여주고 싶었다.

그래서 2017년 서브컬처 전문 브랜드 '요다'와 스낵컬처 전문 브랜드 '플로베르'를 만들었다. 내 예상대로 두 문화는 시장의 주류가 되었다. 그러나 역시 경쟁이 거셌다. 요다는 안정적으로 성장했지만 플로베르는 아직 자리를 잡지 못했다. 두 시장도 이제 워낙 경쟁이 심해 레드오션으로 전락했다. 에세이가 대세인 세상이 되자 모두가 에세이를 쓰기 시작했다. 노래를 부르려는 새는 넘쳐나지만 들어주는 관객은 별로 없는 세상이 됐다.

한국에서 문학 출판은 쉽지 않다. 그러나 문학 출판을 해야 생명을 길게 이어갈 수 있다. 문학은 비타민과 같아서 소량이라도 흡수하지 않으면 목숨을 잃는다. 문학적 상상력을 취하지 않으면 숨이 붙어 있어도 살아 있는 목숨이라 할 수 없다. 문학 서적은 오랫동안 팔릴 뿐만 아니라 확장성도 크다. 요다는 불과 3년 만에 큰 가능성을 지닌 출판사가 되었다.

나는 상업 출판에 뛰어들면서 직원들의 급여부터 올렸다. 내 능력이 닿는 대로 주려고 애썼다. 그보다 중요한 것은 결정권이었다. 나는 직원들에게 결정권을 넘겨주기 시작했다. 사무실에서 내 책상을 치우고 회의에도 참석하지 않기로 했다. 출판 기획자는 기획이 성공하면 자신감을 가진다. 성공하면 무조건 좋은 일이다. 그러나 실패도 나쁘지 않다. 나는 그릇을 깨보아야 그릇의 소중함을 안다고 말해왔다. 최선을 다해도 세상이 받아주지 않는 경우가 있다. 그러나 실패를 통해 성공에서 얻을 수 있는 것 이상의 소중한 지혜를 얻을 수 있다. 몇 년이 지나니 역시 내 생각이 옳았다. 여전히 나는 젊은 세대에게는 실패할 기회가 주어져야 한다고 생각한다.

나는 회사를 물려주기 전에 마지막 선물을 주고 싶었다. 그것이 이 책이다. 이 책은 〈기획회의〉에 연재한 원고를 모아 출간한 것이다. 출판 창업은 달리 말하면 출판 경영이기도 하다. 나는 직원들이 하나의 브랜드를 맡아서 운영해주길 바란다. 그러나 혼자서는 외롭다. 그러니 서로에게 거울이 되어주길 바란다. 그럴 때 도움이 되는 지혜를 정리해 넘겨주고 싶었다. 마음이 조급해서였는지 내가 과거에 썼던 글들도 인용했다. 글을 쓰는 사람의 도리가 아닌 줄 알지만 내가 새로 쓰는 것보다 나을 것이라 생각했다. 말이 안 되는 이야기지만 이 점 널리 혜량해주시길 바란다.

출판 창업을 해서 성공하기란 쉽지 않다. 그러나 도전해볼 가치는 충분하다. 출판 창업에 도전하고 싶은 분들에게 이 책이 조금이나마 도움이 되었으면 한다.

2021년 5월
한기호

들어가는 글

차 례

01

새로 쓰는
『출판 창업』

매해 출판사가 늘어난다

많은 이들이 출판 창업을 꿈꾼다. 하지만 예나 지금이나 출판 창업은 힘들다. 나는 2006년 4월에 『출판 창업』을 펴냈다. 〈북페뎀〉 8권이었다. 2005년부터 출판 창업 열풍이 일었다. 해마다 출판사 수가 2,500개 이상 늘어났다. 이런 분위기에 힘입어 책을 펴내서 재미를 좀 보려는 의도가 없지 않았다. 그러기 위해서는 창업의 핵심 노하우를 모두 담았다고 적당히 거짓말까지 하면서 출판 창업을 꼬드기는 내용이어야 할 텐데 출판 창업의 헛된 꿈을 버리라며 말리고 나서는 꼴이었다. 한번 시작하면 깊은 고난의 늪으로 빠져들 수 있으니 조심하라고 충고하는 이 책의 머리말(필자들을 대신하여 출판칼럼니스트 한미화가 썼다)에는 이런 말이 나온다.

> 창업자 중 열이면 아홉은 밤에 잠이 안 온다는 소리를 한다. 창업자는 망하면 더 이상 물러설 곳이 없으니 그 압박감으로 '왼쪽 어깨가 화강암처럼 굳어서 곧바로 잘라 비석으로 써도 될 만큼' 지쳐도 잠은 오지 않는다. 편집자는 세상에 존재해 마땅한 책을 펴내기 위해 고민하며 잠들지만 사장은 몇 부나 팔릴까를 고민하며 뜬눈으로 밤을 새운다. 한마디로 편집자는 책을 만들지만 사장은 상품을 만든다(물론 성공했다면 보상은 확실하다).

지금이라고 상황이 달라졌을까? 오히려 더욱 악화한 것은 아닐까? 『출판 창업』은 절판됐지만 꽤 팔렸다. 개정판을 펴내면 책이 좀 팔릴 것 같았지만 포기했다. 지금도 가끔 찾는 사람이 있다. 이후에도 다른 이들이 쓴 출판 창업에 관한 책이 가끔 출간됐지만 반응이 좋았던 것 같지는 않다. 하지만 출판 창업은 갈수록 늘어나고 있다. 2009년 말에 출판사 수는 3만 5,191개사였으나 10년 뒤인 2019년 말에는 7만 416개사로 늘어났다. 해마다 3,523개사의 출판사가 새로 태어났다.

거리의 식당이나 자영업의 부침이 심한 것처럼 출판사도 마찬가지다. 유아사망률이 높은 것이 출판이다. 2019년에 신간을 한 종이라도 펴낸 출판사 수는 5,250개사다. 2017년부터 2019년까지 3년간으로 기간을 늘려보아도 9,344개사에 불과했다. 3년 동안 신간을 한 권도 펴내지 못했다면 제대로 굴러가는 출판사라고 할 수 없다. 그런 출판사가 86.8%나 된다. 열에 아홉은 사실상 무늬만 출판사이지 제대로 굴러가는 출판사라고 할 수도 없다.

『출판 창업』의 필자들은 창업하고 2년~3년 후에 찾아오는 슬럼프를 경고했다. 이를 '출판의 복수'라고 불렀다. 저주라 하지 않은 것이 다행이다. 첫해에 책을 몇 종 펴내는 바람에 준비한 자금이 바닥이 날 때쯤에는 매출에 비례해 직원도 늘고 관리자도 늘고 비용도 상승한다. 1년 사이에 대형 베스트셀러라도 터지면 다행이지만 그렇지 않으면 매출은 점점 떨어지는데 오히려 비용은 증가한다. 그러니 잠이 오지 않을 정도로 고민이 많아지는 것이다.

환난의 시기, 출판의 전망은 어떨까

그러나 열에 아홉이 아니라 백에 아흔아홉이 망한다고 해도 흥한 한 사람은 반드시 있게 마련이다. 그러니 출판 창업이 줄을 잇는 것이리라! 겁을 주기보다는 흥하거나 적어도 천천히 망하면서 재기의 기회라도 엿볼 수 있게 도와줄 필요는 있어 보인다. 그런 노하우를 전수하려는 사람이 있어야 한다. 물론 하나의 원칙이 모든 이에게 통하지 않는 법이다. 상황은 늘 변하게 마련이라서 임기응변에

능해야 한다. 원칙(정석)을 모르고 바둑을 둘 수는 없다. 어떤 준거에 맞는 임기응변을 발휘하려면 판단에 도움이 되는 준거를 제시하려는 이가 있어야 할 것이다.

『출판 창업』의 원고 청탁이 시작되던 2005년으로부터 15년이 지났다. 그때와 출판 여건이 많이 바뀌었다. 무엇보다 유통이 집중되었다. 10여 개 유통업체의 매출 점유율이 90% 이상이다. 온라인 서점의 점유율은 비정상적으로 높아지고 있다. 다행스럽게도 어음 거래는 거의 사라졌다. 아직도 어음을 발행하는 업체가 있다면 그 업체와는 거래를 정리하는 것이 좋다. 서점에 책을 많이 깔수록 매출이 많아진다는 상식은 이제 통하지 않는다.

외주 시스템은 더욱 발달했다. 요즘 출판사들은 편집자 몇 사람, 외주 편집자 몇 사람과 일한다고 대놓고 말할 정도로 외주의 비중이 높아졌다. 외주로 일을 돌리면 비용이 크게 절감된다. 그러나 책의 품질은 떨어질 수 있다. 표지 제작 같은 일은 비용이 더 들더라도 외주가 유리할 수 있다. 제작, 창고 관리와 배본, 유통 등 출판의 거의 모든 일이 외주로 가능하다. 기술의 발달로 종이 값을 제외한 제작비는 거의 늘어나지 않았다. 한마디로 말해 출판의 모든 일을 혼자서 관리하기가 쉬워졌다. 1인출판사가 갈수록 늘어나고 있다. 신생 1인출판사가 일을 내는 사례도 늘어났다. 한때 '루키'들이 베스트셀러 상위권을 모두 점령한 사태가 벌어지자 '베테랑'보다 루키가 일을 내는 시대라는 말이 떠돌기도 했다.

출판이 사양산업이라는 비아냥이 없지 않지만 코로나19가 장기화하면서 출판의 강점이 드러났다. 책의 생산이나 소비는 집에서도 얼마든지 할 수 있다. 거의 모든 문화 장르의 소비가 대면을 해야 제대로 이뤄지지만 출판만은 그렇지 않았다. 도서관에서 책을 빌려볼 수 없는 바람에 책을 구매하는 사람이 오히려 늘어났다. 제대로 된 책을 꾸준히 펴내 스테디셀러가 많은 출판사는 코로나19 확산에도 매출이 늘어났다. 출판 업무는 어디서든 볼 수 있다. 예를 들어 코로나19 시국이 아니었다면 주문의 수·발주 업무의 경우, 해외여행 중 호텔에서도 처리 가능하다. 초연결사회라는 강점이 제대로 발휘되는 것이 '출판' 분야라는 말이다.

일일이 저자를 만나지 않아도 된다. 저자들을 클라우드에 초청해 업무를 진행할 수 있다. 또 팀이라면 팀원 모두를 초청할 수도 있다. 집단지성의 시대 아닌가! 만나지 않고도 클라우드에서 저자, 편집자, 디자이너, 출판사 대표 등이 만나서 책을 만들어낼 수 있다. 1인출판사 대표가 클라우드에 방을 100개 만들면 100권의 책이 진행되는 셈이다. 공통의 관심사를 가진 이들에게 강연을 하게 하거나 좌담을 하게 해서 시의성 있는 책의 원고를 빠르게 완성할 수도 있다.

미디어 환경도 출판에 크게 유리해졌다. 지상파 방송이 적자경영을 한 지는 오래됐다. 구독자가 줄고 광고가 크게 줄어든 신문들도 위기를 겪으면서 대안 마련이 시급해졌다. 라디오는 팟캐스트나 유튜브에 밀리고 있다. 잡지도 폐간하는 사례가 급증하고 있다. 많은 사람이 함께 일해야만 하는 매체일수록 생존이 어려워진 셈이다. 기획력을 지닌 크리에이터가 평생 자신감을 갖고 일할 수 있는 영역이 출판이라는 사실이 확인되면서 종사자들의 자긍심이 커졌다.

출판이 사양산업이 아니라는 것이 확인되었다 해도 어떤 책을 펴내는가는 중요하다. 출판은 원래 '1승 9패'라는 불문율이 있었다. 열 권을 펴내서 아홉 권이 손해를 봐도 한 권만 터지면 된다는 논리다. 하지만 이런 사고는 위험하다. 세상이 빠르게 변하면서 대박 상품 하나로 버티기 어려워졌다. 실제로 밀리언셀러를 펴낸 이들 중에는 여러 번의 성공으로 사옥을 마련하면서 꾸준히 성장하는 출판사가 있는가 하면 망한 출판사도 많다. 정확하게 가늠해보지 않았지만, 밀리언셀러를 펴낸 출판사 중 열에 아홉은 이름도 없이 사라진 것이 아닌가 싶다.

자금 확보를 위한 대비책

나는 2016년 9월 9일 강릉에 갔다가 '너울성 파도'에 휩쓸려 목숨을 잃을 뻔했다. 생사의 차이가 그리 크지 않다는 것을 절감했다. 같은 해 9월 25일에는 급여와 제작비 등을 지급하면서 다시 한번 아찔함을 느꼈다. 나는 창업 이래 늘 빚에 시달렸다. 그러나 전화만 하면 몇천만 원 정도는 5분 안에 '묻지 마 송금'을 해주는 이들이 있었기에 불편함을 전혀 느끼지 않았다. 그런데 그날 만일 죽었다면 그들의 심정이 어땠을까 생각하니 갑자기 아득해졌다. 절대로 이렇게 살지는 말자고 결심했다. 직원들의 미래도 걱정이었다. 나만 믿고 따르다가 갑자기 직장을 잃는 사태가 발생할 수 있었다. 기우였을 수도 있지만 대비책을 세워야 한다는 사실을 절감했다.

내가 하는 일은 공익적인 일이 많다. OECD에 가입한 나라들은 모두 〈학교도서관저널〉 같은 잡지를 펴낸다. 하지만 모두 공적인 기구에서 펴낸다. 유독 대한민국에서만 주식회사에서 펴낸다. 이 때문에 출범 당시부터 공적인 잡지를 개인이 펴낼 수 있느냐고 비판하는 사람들이 있었다. 틀린 지적이 아니었다. 그래서 나는 편집이나 책 추천에는 절대로 관여하지 않았다. 그 사실은 〈학교도서관저널〉에 관여해본 사람들이라면 모르지 않을 것이다. 나는 오직 우산대만 들고 서서 실무자와 필자 들이 멍석에서 잘 놀 수 있도록 도왔다. 우산에 구멍이 나서 비가 줄줄 새기는 했지만 내가 세운 원칙은 지켰다. 〈학교도서관저널〉을 11년 넘게 펴냈다. 이제 우리가 이만한 잡지를 갖게 되었다는 자부심을 느껴도 괜찮을 것 같다. 하지만 공공성을 유지하면서 항구적으로 출간될 수 있는 시스템을 확립해야 하는 숙제가 남았다.

출판전문지 〈기획회의〉는 돈이 되는 잡지가 아니었다. 시사지나 여성지 등 대중성 있는 잡지들마저 줄줄이 사라지는 마당에 격

주간 출판전문지라니! 인구가 우리보다 두 배 이상 많고 출판시장의 규모가 큰 일본에서도 출판전문지가 거의 사라진 지 10년이 넘었다. 모든 문화를 다루는 잡지에 가끔 출판이 언급될 뿐이다. 70년 역사의 출판소식지 〈출판뉴스〉도 2019년 3월에 휴간(사실상 폐간)에 들어갔다. 출판 잡지가 살아남을 수 있는 세상이 아니다.

내가 이대로 사라지면 적어도 두 잡지의 생존을 장담할 수 없을지 모른다. 돈이 되지 않더라도 출판운동이나 독서운동이라는 사회적 대의에 이바지하는 잡지가 항구적으로 나올 수 있는 대비책을 세워야 했다. 출판사들도 상황이 어려워지니 광고 수주도 점점 힘들어졌다. 그래서 남들이 뛰어들지 않아서 의미도 있고 돈도 벌 수 있는 보다 상업적인 출판으로 자금을 확보해야만 했다. 그게 한국출판마케팅연구소의 임프린트 '요다'와 '플로베르'였다.

브랜드의 성장이 곧 회사의 성장

인공지능AI은 인간의 일자리를 앗아가고 있다. 기술이 하나 개발될 때마다 수십만에서 수백만의 일자리가 한꺼번에 사라지고 있다. 이른바 '테크놀로지 실업'이 일상이다. 이런 마당에 과거의 인문학으로 버틸 수가 있을까? 과학기술 시대에 접어들자 문학, 역사, 철학 등 '문사철' 중심의 인문학은 과학이 가세하면서 공간을 확장했다. 하지만 인공지능의 역할이 커지면서 인간의 본질을 전환하는 새로운 인문학의 필요성이 대두되었다. 나는 그것이 서브컬처 인문학이라고 생각했다.

SF는 단순한 공상 과학 이야기가 아니다. 미래 인간의 삶을 근원적으로 상상하게 만드는 역사 교과서로 작동하고 있다. 최근 몇 년간 김초엽의 『우리가 빛의 속도로 갈 수 없다면』이 좋은 반응을 얻으면서 SF의 주가가 오른 것은 사실이지만 아직 국내 출판시장에는 SF를 제대로 이해할 수 있는 이론적 토대가 매우 일천하다. 어떤 작품을 어떻게 읽어야 하는지, 읽거나 쓰면서 직시할 주요한 개념이 무엇인지 알려주는 책은 이제 막 간헐적으로 출간되기 시작한 정도다. 따라서 인문학 위기의 시대에 서브컬처 인문학은 무한히 확장될 일만 남았다.

요다는 그런 작업을 본격적으로 해보겠다는 생각으로 설립한 출판 브랜드다. 요다는 2017년 말에 김동식의 소설집 『회색 인간』, 『세상에서 가장 약한 요괴』, 『13일의 김남우』 등 세 권을 동시에 펴내면서 본격적으로 출발했다. 하지만 김동식 소설집은 예정에 없던 출간이었다. 작법서, 이론서, 비평서 등을 출간하면서 소설도 점차 펴낼 생각이었다.

서브컬처 창작자들이 서브컬처가 비非주류가 아닌 비be주류가 되도록 하겠다는 의지를 천명한 『비주류 선언』은 요다의 출사표나 마찬가지다. 이 책을 펴내고 가능성을 확인한 다음 30여 권 가까이 기획된 '요다 해시태그 서브컬처 비평선'은 속속 원고가 입고되고 있다. 이 시리즈는 SF, 판타지, 로맨스, 무협 분야의 이론가이자 작가인 여섯 명의 편집위원이 기획에 참여했다. 국내 작가들이 집필한 작법서는 차무진의 『스토리 창작자를 위한 빌런 작법서』를 필두로 속속 출간될 예정이다.

나는 요다와 플로베르 말고도 장년층을 위한 그림책을 펴내는 '백화만발'이라는 임프린트도 만들었다. 앞으로 10여 개의 브랜드를 더 만들 생각이다. 이 임프린트들이 성장하면 편집자들에게 하나씩 맡기고 나는 세상을 바꿀 독서운동에 전념할 생각이다. 직원들이 공유하는 회사로 만들자는 계획을 세운 다음 나는 직원들의 급여부터 무조건 올리고 보았다. 감당할 수 있는 수준에서 최대한으로 올렸다. 그다음에는 직원들에게 모든 결정권을 넘겼다. 쉽지 않은 일이었다. 그러고는 회사에서 내 책상을 치워버렸다. 모든 회의에도 참여하지 않는다. 결정된 사항을 통보받을 뿐이다. 물론 자문이나 도움을 요청하면 얼마든지 응해주고 있다.

나는 재택근무를 하는 편집자들과 연대하는 회사의 설립을 꿈꿨다. 그런 의지가 있는 사람들과 출판을 함께 공부하는 모임을 가질 작정이었다. 코로나19 때문에 잠시 미뤘지만 일단 작은 사무실부터 마련하고 그런 모임이 시작되면 토론할 내용을 미리 글로 쓰기로 결심했다.

편의상 그 글은 '출판 창업'을 주제로 한다. 어떤 분야에 진출해서 어떤 책을 펴낼지, 마케팅은 어떻게 해야 하는지, 거래처 확보는 어떻게 해야 하는지, 저자와의 관계는 어떻게 정립해야 하는지 등을 정리해볼 생각이다. 달라진 세상에서 새롭게 정리해야만 한다. 하지만 현장과는 반걸음쯤 벗어나 있었기에 현장을 속속들이 알지 못한다. 공부하는 자세로 써 내려 갈 생각이다. 많은 성원과 질책을 부탁드린다.

02

출판 창업의 중심, 문학시장

교보문고는 2020년(1월 1일~9월 20일) 한국소설 판매가 전년 대비 30.1%의 신장률을 보이며 역대 최다를 기록했다고 발표했다. 한국 소설이 정점을 찍었던 2012년과 비교해도 4.3%가 늘어난 수치라고 했다. 2012년 이후 한국소설의 침체는 심각한 양상으로 진행됐다. 심지어 종합 베스트셀러 100위 안에 한국소설이 겨우 2종~3종이 들어가는 해도 있었다. 한국문학의 침체에는 문단 내부 문제의 영향이 없지 않았다. 표절, 주례사 비평, 성폭력, 문학상 등에 대한 논란이 벌어질 때마다 문학시장은 크게 위축됐다. 한 출판평론가는 여러 번 논란에 휘말리다 보니 한국문학이라는 산에 불이 나서 새까맣게 타버렸다고 했다.

이제 불이 나서 폐허가 된 산에 화전을 일궈 다시 씨를 뿌려서 새 풀이 돋고 나무도 자라기 시작한 것인가? 2020년 교보문고에서 소설이 팔려 나간 양상을 살펴보면 대강 가늠해볼 수 있을 것이다. 교보문고는 SF·공상과학소설이 457.8%나 늘어났고, 『아몬드』(손원평, 창비)가 이끈 청소년소설은 107.3%나 늘어나는 기염을 토했다고 했다. 드라마 〈사이코지만 괜찮아〉에서 소개된 동화책들의 인기로 인해 드라마·영화 소설도 799.4% 폭증하며 한국소설의 인기를 주도했단다. 판매가 가장 많이 이뤄진 한국소설은 『아몬드』이고, 『우리가 빛의 속도로 갈 수 없다면』(김초엽, 허블), 『날씨가 좋으면 찾아가겠어요』(이도우, 시공사)가 그 뒤를 이었다. 잘 팔리는 책들의 공통 키워드는 '청소년소설', 'SF소설', '신진작가'였는데 이들 키워드가 바로 한국소설의 새로운 원동력이었다고 했다.

문학 출판의 미래

2020년의 베스트셀러 목록에서 2012년 이전에 인기를 끌었던 작가의 이름은 찾아보기 어렵다. 손원평, 김초엽, 이도우는 새로 부상하는 작가들이다. 2018년 이래 해마다 판매부수가 올라가고 있는 『회색 인간』의 김동식도 신인이다. 앞으로는 장르문학 한 분야만 파고들어 '마니아' 수준의 독자를 확보하는 작가가 점차 늘어날 것이다. 과거에 우리 문학시장은 신인 저자를 유명 저자(작가)로 키워가는 '엘리트 출판' 시스템에 주로 의지했다. 2012년까지 몇몇 베스트셀러 작가에 의지해 겨우 지탱했는데 그런 시스템이 완전히 붕괴했다는 것이 확인된 셈이다. 문학시장은 이렇게 본원적으로 크게 변화했다. 이제 출판사들은 앞다퉈 장르문학 시장에 뛰어들 준비를 하고 있다.

출판 창업을 하려면 어떤 시장에 진출하는가가 중요하다. 그러면 어떤 시장에 뛰어들 것인가? 일단 기획의 유형부터 알아보자. 고단샤에서 인문 편집자로 정년퇴직한 와시오 겐야는 퇴직 후 『편집이란 어떤 일인가』(한국출판마케팅연구소)를 펴냈다. 이 책에서 저자는 기획을 여러 척도와 관점을 기준으로 시대를 읽는 기획, 잠재적 욕망 기획, 기본적인 소재, 새로운 것 다루기, 번역, 연예인, 실용서(하우 투), 사회에 경종을 울리는 책, 학문, 사진·회화 도판물 등 열 가지로 분류했다. 이를 나의 관점에서 정리해보겠다.

시대의 불가사의를 해독하기 위한 방향성을 제시하는 책은 언제나 인기다. 신생출판사의 첫 책인 『언컨택트』(김용섭, 퍼블리온)는 출간되자마자 종합 1위에 오르는 기염을 토했다. 이후 팬데믹 시대나 포스트 코로나19 시대를 다룬 책들은 좋은 반응을 얻었다. '온라인 수업'을 다룬 책들도 반응이 나쁘지 않았다. 이런 유형의 책은 시기만 잘 타면 독자가 저절로 따라붙지만 시기를 맞추기가 쉽지 않다.

잠재적 욕망 기획은 돈, 출세, 성욕처럼 인간이 태어날 때부터 지닌 욕망에 초점을 맞춘 기획이다. 경제 불황기일수록 이런 책은 잘 팔린다. 코로나19의 위기 속에서 『주식투자 무작정 따라하기』(윤재수, 길벗), 『돈의 속성』(김승호, 스노우폭스북스), 『부의 대이동』(오건영, 페이지2) 등 돈을 벌고자 하는 욕망에 부합하는 책이 많이 팔렸다. 북섹션이 힘을 받던 시절에 보수신문들은 정치, 경제, 문화 분야의 권력을 다룬 책들을 톱으로 소개하곤 했다. 일본에서는 온라인서점 등장 초기에 『세상에서 제일 쉬운 섹스 어메이징 강좌』가 온라인서점에서 먼저 인기를 끌고 결국 오프라인서점에서도 불이 붙었다. 온라인서점의 등장 이후 성을 다룬 책의 판매는 급증했다.

영어회화, 병, 나이 듦, 요리, 『논어』, 『삼국지』 등과 같은 기본적인 소재를 다룬 책들은 늘 거듭난다. 토익시장은 최고의 황금시장이다. 한때 『TOEIC, 답이 보인다』(토답보), 『이익훈 토익』(이토익), 『토익 점수 마구 올려주는 토익』(토마토) 등이 삼분하던 토익시장을 『해커스 토익』이 통일한 이후 독주하고 있다. 이 시장은 절대 강자가 군림하고 있어 진입이 쉽지 않다. 하지만 한번 진입에 성공만 하면 안정된 성장을 이룰 수 있다. 원래 인문출판사는 새로운 사상이나 사상가를 소개하는 것이 주 임무였다. 그러나 포스트모더니즘의 등장 이후 새로운 사상이나 사상가는 출현하지 않았다. 그래서 이와나미쇼텐의 한 편집자는 2000년대 중반에 "인문 기획자는 인류가 5000년 동안 생산한 지적 문화유산을 재구성하는 것을 업으로 삼아야 할 것"이라는 취지의 글을 썼다. 그러나 토마 피케티의 『21세기 자본』은 전 세계 출판시장을 흔들어놓았다.

번역서는 출판시장의 3분의 1을 차지한다. 1인출판사 중에는 양질의 번역서만 꾸준히 펴내어 성과를 내는 경우가 종종 있다. 일본의 출판 기획자 스바키 요시토는 탤런트는 "그저 예능인이라는 의미가 아니라 그 시대의 첨단에서 가장 생생하게 살아 있는 인간"인데 "그런 사람이 쓴 것, 혹은 그런 사람이 고민하는 문제라는 것은 특히 시대의 첨단을 농축하는 것이기 때문에 팔리는 것"이라 했다. 우리 출판시장에서도 점차 연예인 책의 인기가 높아지고 있다. 실용서의 중요성은 아무리 강조해도 지나치지 않는다. 책의 70%는 실용서로 보아도 무방하다. 최근에 글쓰기의 중요성이 강조되면서 글쓰기 노하우를 알려주는 책이 급증하고 있다. 누구나 옳다고 여기던 사실이나 개념이 정말 그런지 되묻는, 카운터 오피니언 counter opinion의 시각으로 쓴 책들은 당파성이 문제일지라도 관심을 쉽게 끌 수 있다. 최근의 '조국 백서'와 '조국 흑서'의 대립을 보라! 학문의 중요성은 두말할 필요 없다. 자연의 신비부터 동물, 누드사진집, 나아가 고고학의 매장품에서 현대예술까지 다루는 사진·회화의 도판물은 광범위하다.

그러면 문학시장은? 문학시장은 기본적인 소재의 본원적 시장이라 할 수 있다. 문학시장은 어느 시대나 중심이 되는 시장이다. 지금 대한민국에서 잘나가는 단행본 출판사들은 대체로 문학출판사다. 1980년대만 해도 베스트셀러는 소설과 비소설로만 집계했으니 얼마나 중요한 시장인지 모르는 이는 없을 것이다. 소설이 베스트셀러가 되면 꾸준히 팔리는 스테디셀러가 되기 쉽다. 교과서에 실린 소설들은 이후 고전의 반열에 오르기도 한다. 또한 원 소스 멀티 유즈의 원천이 되는 것이 소설이기에 확장성도 크며 외국에 판권이 수출될 확률이 높다.

중요한 시장일수록 강자들이 미리 자리를 잡고 있기에 접근이 쉽지 않다. 유명작가의 작품 하나만 받으면 문학출판사가 될 것 같지만 그렇게 해서 길게 살아남은 출판사는 거의 없다. 작가들은 자신을 성장시켜준 출판사와 밀접하게 연결되어 있어 신생출판사가 비집고 들어갈 틈이 없다. 과거에는 거액의 선인세로 작가와의 계약을 따낸 경우가 없지 않았으나 요즘처럼 세상이 급변하는 시대에 그런 일은 가능성이 희박한 도박이나 마찬가지다.

20대 후반과 30대의 청춘을 창비에 묻은 나는 환갑을 맞이한 2017년에 요다를 시작했다. 나는 친정인 창비와 경쟁하기 싫어서 서브컬처에 뛰어든다고 이야기했지만 그때 이미 창비의 청소년문학과 아동문학은 서브컬처가 대세를 이루고 있었다. 나는 문학시장이 급격하게 변동하고 있기에 신생출판사가 뛰어들 적기라고 보았다. 당시에 웹소설은 이미 대세를 이루고 있었으며 시장은 장르 중심으로 급격하게 재편되고 있었다. 더군다나 문학시장의 경우, CPND(콘텐츠, 플랫폼, 네트워크, 디바이스)의 생산체제가 확립된 이후 웹툰이나 웹소설 시장이 가파르게 성장하고 있었다. 이제 네이버웹툰과 카카오페이지는 출판의 한 영역을 완전히 점령한 출판의 맹주들로 성장했다.

글로벌 금융 위기가 엄습했던 2008년 무렵에 많은 작가가 웹에서 소설을 쓰기 시작했다. 이름이 알려진 작가들은 대부분 웹으로 무대를 옮겼다. 그러나 그들의 글쓰기 방식이 달라진 것은 아니었다. 대체로 종이에서 웹으로 장소만 옮긴 것에 불과했다. 처음에 나온 책들은 그런대로 독자의 사랑을 받았지만 그런 사랑이 길게 이어지지 않았다. 웹 환경에 적응한 새로운 작가들이 나타나 자리를 잡기 시작했다. 구태여 종이책을 펴내지 않아도 인기를 끄는 작가들이 점점 늘어나기 시작했다.

기성 문단이라고 이런 흐름을 모르지 않았다. 〈창작과비평〉 2019년 봄 호(통권 183호)에는 문학평론가 박인성의 『웹소설의 충격』(이이다 이치시, 요다)에 대한 촌평 「웹소설, 감당하실 수 있겠습니까」가 실렸다. 그는 "지금의 종이책 중심 문학 출판 구조라면, 머지않은 미래에 문학은 진정 벌거벗은 상태로 새로운 경쟁에 직면하게 될 것이다. 물론 그 두려움과 함께 어떤 이정표도 없이 새로운 문학 형태를 고민해야 하는 것이 지금 현장의 출판관계자들 및 작가들의 총체적인 숙제일지 모른다"는 상황 인식을 보여주었다. 그는 어떤 이유로 이런 상황 판단을 하게 됐을까?

그는 촌평에서 "웹소설은 기성의 문학 출판이 뿌리내리지 못한

웹환경과 플랫폼에 기민하게 적응해왔다. 반면 웹플랫폼에 연재를 시도한 여러 기성작가들이 있었지만 그 소설 형태와 스타일은 변하지 않았고 시장과 독자의 반응은 냉담한 편이었다. 그처럼 이야기 형식과 성격을 그대로 적용해온 시도들이 번번이 실패했음에도 기성 문학 출판은 적극적인 변화를 고민하지 않았다. 인터넷에 연재된 콘텐츠는 곧 종이책으로 나올 것이며, 여전히 종이책 중심의 출판구조는 작가들에게 심리적 방어막을 구성해주기 때문이다. 그러나 웹소설의 약진이 암시하는 것은 현재 문학 출판계에 필요한 것은 본질적인 자기소외를 통해서 기성의 구조를 완전히 재구성해야 한다는 예언이다"라고 했다.

그는 이어서 "이이다 이치시가 강조하듯 중요한 건 종이책이냐 전자책이냐의 양자택일이 아니다. 어떤 종류의 웹플랫폼이나 뉴미디어인지 형식에 구애받지 않고 문학을 전면적으로 게재하려면 기존의 선입견에서 벗어날 필요가 있다"고 했다. 그가 촌평한 『웹소설의 충격』은 "일본의 웹소설을 중심으로 급변하는 출판시장의 구조 및 콘텐츠의 빠른 회전, 사용자 중심의 소비패턴 변화 등을 충실히 기록한 보고서"다. 전 세계에서 웹소설에 대한 본격적인 분석서는 이 책이 유일했다. 나는 이 책의 한국어판을 2018년 11월에 펴냈다. 이 책의 출간을 준비하면서 문학 출판의 미래를 가늠해볼 수 있는 충분한 기회를 가졌다.

출판계에서 살아남으려면

일본의 대형출판사들의 경우, 전체 매출의 절반을 만화가 차지한다. 그런데 만화책은 전자책이 종이책 매출을 넘어섰다. 종이책 만화의 매출은 점점 줄어들고 전자책 만화의 매출은 가파르게 올라갈 것은 불문가지. 그때만 해도『원피스』88권의 초판이 330만 부나 발행되고『진격의 거인』22권의 초판이 187만 부나 발행될 정도였으니 종이책 만화의 매출이 당분간은 어느 정도 유지되겠지만 오로지 스마트폰으로 모든 정보를 생산하고 소비하는 세대의 등장은 미래 출판시장의 격변을 예고했다. 더구나 폴더블폰은 이 시장을 엄청나게 키울 것으로 보였다. 종이책을 펼쳐서 보는 듯한 효과를 가져오는 폴더블폰의 등장은 전자책 편집 기술의 엄청난 진화와 전자책 시장의 급성장을 예고했다.

실제로 전자책 시장은 급격하게 성장했다. 마침 고단샤의 노마 요시노부 사장은 2019년의 실적을 발표하는 자리에서 "21세기 들어 최고 실적을 기록했다. 올해는 종이 출판 매출보다 전자 출판 등의 사업수입이 더 커질 전망이다"라고 자신감을 표출했다. 고단샤는 "종이 출판 부문 매출은 전기보다 3.9% 감소한 643억 엔이었으나 전자 출판 등 디지털 관련 수입과 저작권 판매 수입을 포함한 '사업수입'이 39%나 증가하여 613억 엔으로 성장"했다. 성장의 견인차는『진격의 거인』,『5등분의 신부』등 인기 만화의 디지털판이었으나 웹소설 또한 약진하고 있었다.

고단샤의 총매출 1,358억 엔은 20세기 말에 정점을 찍었던 수준에 불과하다. 지난 20년간 종이책 매출 감소에 시달리다가 전자책의 성장으로 이제 겨우 20년 전 수준을 회복한 것이다. 그 사이에 종이책 매출은 반토막이 났지만 사업이익은 과거보다 증가했다. 고단샤는 종이 출판의 불황을 디지털 출판과 지적재산권(IP 수익으로 극복하며 성장하는 모습을 전형적으로 보여줬다. 이처럼 출판은 구조 변동을 통해 새로운 가능성을 열어야 하는 시대로 접어들었다.

내가 살아남으려면 이런 시대에 적응해야 했다. 먼저 전문가를 찾기 시작했다. 나는 2018년 5월 말 즈음에 인터넷에서 검색을 하다가 장르문학 비평단인 '텍스트릿'의 이융희 팀장이 쓴 「『회색 인간』에 대한 소고」라는 글을 발견했다. 『회색 인간』을 제대로 분석한 최초의 글이었다. 김동식 작가는 CPND 시스템에서 성장해 종이책으로 자신의 이름을 제대로 알린 작가다. 이후 나는 텍스트릿 홈페이지에 있는 글을 모두 읽어보았다. 그해 4월에 문을 열었으니 당시에는 글이 많지 않았다. 하지만 지향성이 확실해 보였다. 막연히 서브컬처가 대세가 될 것이라는 확신은 있었지만 '요다'라는 출판사를 만들고 서브컬처에 대한 책을 펴내 승부를 내려는 나에게는 이론적 무장이 급선무였다.

나는 김민섭 사회문화평론가에게 부탁해 텍스트릿의 회원들을 소개받았다. 그해 8월의 첫 만남에는 네 사람이 함께 왔다. SF, 판타지, 로맨스, 무협 분야를 각기 전공한 사람이었다. 모두 작가이자 이론가였다. 그 자리에는 김민섭 평론가와 편집자들이 동석했다. 나는 협업을 제안했다. 먼저 〈기획회의〉의 지면을 내어줄 테니 텍스트릿에서 이슈 기획을 해보라고 했다. 이슈를 나중에 단행본으로 확대할 필요가 있으니 단행본 편집자들과도 충분한 논의를 하자고 했다. 그렇게 해서 〈기획회의〉 2018년 송년호에 '장르와 사회'라는 제목의 이슈가 실렸다. 이슈가 나간 뒤 단행본팀에서는 텍스트릿과 상의해 차례를 다시 짰다. 원고 분량은 두 배 정도로 늘렸다. 그렇게 해서 2019년 8월 26일에 『비주류 선언』(요다)이 서점에 출고되기 시작했다. 제목도 무척 마음에 들었다. 나는 『비주류 선언』을 요다의 출사표라고 말했다. 이용희 팀장을 〈기획회의〉 편집위원으로 영입하면서 30대 중심으로 편집위원진을 재편하기도 했다. 이후 〈기획회의〉에 서브컬처 이슈를 간간히 실을 수 있었다. 이렇게 젊은 상상력에 의지하면서 나는 요다의 청사진을 가다듬을 수 있었다.

요다를 시작할 마음을 먹은 게 2017년 초였다. 확실한 준비는 없었지만 오랫동안 관심을 두고 장르문학을 지켜보았기에 그런 결심을 할 수 있었다. 2004년 여름에 펴낸 계간 〈북페뎀〉 5권이 『장르문학』이었다. 무척 공을 들여 만들었으나 판매성적은 최악이었다. 시장이 아직 성숙하지 못하다는 것을 확실하게 보여주었다. 장르문학에 대한 첫 도전은 실망감만 안겨주었다. 한 시대를 풍미한 개념과 사고방식을 날카롭게 잡아내 동시대 독자에게 제목이나 카피로 제시하는 책은 '탄광 속 카나리아'에 비유되곤 한다. 유독가스를 탐지할 측정기가 없던 시절, 광부들은 일산화탄소에 노출되면 바로 목숨을 잃는 카나리아와 함께 탄광에 들어갔다. 카나리아의 노랫소리가 그치면 광부들은 바로 탄광을 탈출해야만 했다. 제목이나 카피가 대중이 무의식중에 느끼는 시대 흐름과 맞아떨어져 초베스트셀러가 된 책은 우리 사회의 카나리아로 볼 수 있었다. 나는 '카나리아 효과'를 낸 책을 늘 주시하고 있었다.

『캐릭터 소설 쓰는 법』이라는 책을 알게 된 건 〈편집회의〉라는 잡지를 통해서다. 저자 오쓰카 에이지는 이 책에서 '라이트 노벨'로 총칭되는 애니메이션, 만화 등을 소설화한 것을 '캐릭터 소설'이라 불렀다. 이 책으로 또 한 번 도전해보았지만 초판 2,000부도 팔지 못했다. 아직도 카나리아는 울지 않았다. 이 책의 판권 계약이 끝난 5년 뒤에는 재계약을 포기했다.

그런데 어느 날 선정우 만화평론가 찾아왔다. 내가 『동물화하는 포스트모던』, 『게임적 리얼리즘의 탄생』 등 아즈마 히로키의 책을 칼럼에 자주 인용한 것을 기억하고 아즈마 히로키의 신간을 들고 찾아온 것이다. 그는 오쓰카 에이지의 한국 에이전트였다. 그와 만나는 바람에 오쓰카 에이지의 책을 10여 권 펴냈다. 『스토리 메이커』, 『캐릭터 소설 쓰는 법』, 『이야기 체조』, 『캐릭터 메이커』, 『세계만화학원』 등 이야기 작법서들은 꾸준히 팔려나갔다. 거의 모두

4쇄 이상 찍었다. 시장이 점점 성숙하고 있었다. 하지만 그것만으로는 부족했다. 그래서 '웹소설 작가를 위한 장르 가이드'라는 시리즈를 펴내보려고 했다. 이 시리즈는 김봉석 대중문화평론가의 제안으로 시작한 기획이었다. 20권을 목표로 시작한 시리즈는 10권을 펴내고는 중단하고 말았다. 하지만 『로맨스』, 『판타지』, 『미스터리』, 『SF』 등 한 권씩 책을 펴낼 때마다 그 분야의 시장 규모를 가늠해볼 수 있었다. 이제 어느 정도 확신이 들었다.

창업에 맞는 사람, 맞지 않는 사람

나는 요다라는 출판 브랜드를 시작하기 전에 이미 엄청난 비용을 투입하며 공부를 한 셈이다. 시장 조사를 정말 오랫동안 해온 것이다. 요다를 시작할 때도 소설보다 이론서, 비평서, 작법서 등을 더 펴내면서 기다릴 생각이었다. 그러나 일단 시작하니 좋은 일이 벌어지기 시작했다. '김동식'이라는 작가를 만나게 된 것이다. 요다의 첫 책은 한때 우리를 사로잡았던 게임과 오락실, 플스방 등의 게임 공간을 인문학의 시선으로 읽어낸 『81년생 마리오』다. 인문학협동조합의 첫 결과물인 이 책의 기획에 김민섭 평론가도 참여했다. 나는 김민섭 평론가를 도우려는 마음으로 〈기획회의〉에 소장 인문학자들의 인터뷰 지면을 내주었다. 어느 날 〈기획회의〉 편집장이 김민섭 작가가 김동식 작가를 인터뷰한 원고를 보여주며 김동식 작가의 글을 책으로 펴내도 괜찮을 것 같다고 했다.

바로 인터뷰 원고를 읽어본 나는 김민섭 평론가에게 전화를 걸어 김동식 소설을 20편쯤 읽어보고 싶다고 했다. 20편의 원고를 바로 읽어본 다음 날 김민섭 평론가에게 김동식의 책을 펴내자고 말했다. 동시에 하나의 조건을 달았다. 세 권을 한꺼번에 펴내자는 것이었다. 인간 편, 요괴 편, 외계인 편으로 당신이 편집해보라고 했다. 김민섭 평론가는 김동식이 신인작가라 리스크가 크지 않겠냐고 했다. 나는 리스크가 커야 이익도 큰 법이라고 했다. 마케팅 원론에 나온다고 했다. 덕분에 요다는 정말 빠른 시간 안에 괜찮은 장르전문 출판사로 자리를 잡을 수 있었다.

얼마 전 출판 현장에서 잔뼈가 굵은 후배들이 찾아왔다. 출판 창업만 빼고 어떤 일이든 하고 싶다고 했다. 알면 알수록 뛰어들기 어려운 것이 출판 창업이다. 요다의 창업에 얽힌 사적인 이야기를 길게 늘어놓은 것은 출판 창업이 쉽지 않다는 것을 알리기 위함이다. 출판 창업은 매우 신중해야 하기 때문이다. 그렇다면 출판 창업을 위해서는 무엇부터 준비해야 하나?

나는 『출판 창업』에 「출판 창업에 관한 진실 또는 오해」를 썼다. 나는 그 글에서 한 일본 편집자가 〈편집회의〉라는 잡지에 발표한 「창업에 맞는 사람, 맞지 않는 사람」이라는 글에서 밝힌 창업에 성공한 사람들의 공통점을 인용했다. 창업에 성공한 사람은 무엇보다 높은 뜻을 품고 큰 꿈을 꾼다. 그들은 이야기를 할 때 듣는 사람의 머릿속에 그림이 그려질 정도로 내면에 미래의 비전이 영상화되어 있다. 즉 '꿈이 있는 것'이 아니라 '꿈이 보인다'. 꿈과 뜻한 바를 향해 집념을 가지고 다가가면서 결코 포기하는 법이 없다. 그리고 또 하나 성공하는 사람은 집념과 낙천성이라는 양면성을 겸비하고 있다. 반대로 창업에 실패하는 사람에게는 그런 강한 동기가 없다. '출산율 저하로 인한 고령화 사회이므로 간병과 복지에 관한 책은 분명히 잘된다'는 식의 시장성에 기반을 둔 생각을 출판에 옮기는 것만으로는 성공하지 못한다. 오히려 '아이가 기뻐하는 모습이 보고 싶다'라든지 '나이 드신 분을 위해서'처럼 뜻한 바를 향한 집념이 필요하다.

나는 그 글에서 출판 창업의 최대 조건은 자금이 아니라고 했다. 물론 자본주의 사회에서는 자금 확보가 최대 관건이다. 하지만 자금이 많다고 모든 문제가 해결되는 것은 아니다. 1960년대에는 제조업 중심으로 상품 확보가 관건이었다. 1970년대에는 금융 중심으로 자금 확보가, 1980년대에는 유통과 능률 중심으로 최소 비용 확보가 관건이었다. 그리고 1990년대에는 과학 기술과 생산성을 중심으로 프로모션 효율 확보가, 2000년대에는 브랜드와 고객 사이의 지속적인 관계를 구축하기 위한 마케팅이 중심이었다. 그렇다면 2020년대로 접어든 지금은 무엇이 관건일까? 그것은 뒤에서 현재 가장 잘나가는 한 출판사의 사례를 중심으로 알아보겠다.

어느 시대고 변하지 않는 진실이 있다. 그것은 바로 '사람'이 가장 중요하다는 사실이다. 저자가 될 가능성이 있는 사람, 편집자, 독자, 오피니언 리더 등 책을 둘러싼 이들과의 친화력과 인간관계가 출판업의 운명을 좌우한다. 창업을 막 시작하는 사람이 모든 사람과 처음부터 호혜적인 관계를 만들 수는 없다. 그것은 차차 만들어 나가야 한다. 먼저 창업을 하려는 사람들은 주변의 지지부터 얻어야 한다. 적어도 열 사람 정도의 지지를 확실하게 받을 필요가 있다.

창업에 성공한 사람 중에는 의외로 친구나 가족 등 주변 사람의 책을 펴내 대박을 터뜨린 경우가 많다. 등잔 밑이 어두운 법이다. 창업을 상의하는 과정에서 주변에서 의외로 좋은 아이디어를 얻었지만 그런 사례를 일일이 열거하기가 민망스러운 것이, 그런 관계가 길게 가지 않아서 출판사들의 운명이 크게 쇠락했기 때문이다. 가까운 사람일수록 최선을 다해야 할 텐데 인간관계가 그렇게 단순하지 않은 모양이다. 돈만 잘 주고 계산만 분명해도 지속적인 성장이 가능할 수 있었을 터인데 가까운 사람이라고 무조건 이해해주겠거니 하고 가볍게 처신하다가 쪽박을 차는 경우가 많다. 그래서 나는 부모 형제 사이라 해도 계약서를 확실하게 쓰고 약속을 잘 이행해야 한다고 충고하곤 한다.

출판 창업은 의외로 한 사람의 강력한 지지만 확보해도 성공할 수 있다. A 출판사의 B 사장은 강남 학원가의 인기 강사였다. 돈을 많이 벌어 빌딩도 여러 채 갖고 있었다. 그러나 나이가 들수록 마음이 허했다. 그래서 출판사를 해보려고 했다. 주변에는 도시락을 싸

들고 다니며 말리는 사람들뿐이었다. 아내도 반대가 심했다. 그래서 재산을 반 나누어 아내에게 주고 나머지를 까먹을 때까지 해보겠다고 나섰다. 외국의 유명 대학에서 과학을 공부하던 아들은 강력한 지지자이자 기획자였다.

마쓰오카 세이코는 "나뭇잎 가지나 잎의 분기分岐 구조 패턴은 강줄기의 분기, 번개의 섬광, 신경이나 혈맥과도 비슷하다. 골격도 비슷하다"고 했다. 그는 이것을 계통수로 설명했다. 나뭇가지가 세 줄기로 점차 뻗어 나가듯 정보 또한 그렇다는 것이다. 아들은 과학 분야의 계통수를 알려줬다. 가장 중요한 책부터 순서대로 펴내라고 했다. 그때만 해도 국내 과학 출판의 수준은 열악했다. 책을 펴낼 때마다 언론에서 일하던 제자들이 크게 기사를 써줬다. B 사장은 빌딩을 날리는 일이 없이 자신감을 갖고 출판을 하면서 주변의 인정을 받기 시작했다.

나이가 든 편집자의 유일한 재산은 옹고집이라는 말이 있다. 편집자들이 확고한 원칙을 주장하게 마련인데 그런 사람들을 비웃듯 하는 말이다. 하지만 편집자의 진정한 재산은 전화번호부라는 말도 있다. 아무리 좋은 아이디어라도 좋은 글을 써주는 필자가 없으면 망상에 불과하다. 그러니 전화로 청탁을 했을 때 들어주는 사람이 많은 편집자라면 창업에 매우 유리하다. 실제로 편집자가 움직이면 따라 움직이는 저자가 의외로 많다. 그러니 출판 창업을 위해서는 평상시에 인간관계부터 잘 다져놓을 필요가 있다.

03
___

문학출판사
창업자의 자세

출판은 제조업으로 분류되지만 실제적으로는 서비스업이라고 생각하는 것이 옳다. 실제적인 생산은 주로 출판사 밖의 저자가 하고 판매도 출판사 밖의 서점이 한다. 가장 중요한 일을 출판사 외부에서 한다. 그러니 외부 사람을 얼마나 잘 설득하는가가 중요하다. 서비스업이 그렇지 아니한가! 그러니 출판도 감정 노동이라 할 수 있다. 작년 11월에 한 편집자가 페이스북에 남긴 글은 많은 생각을 하게 만든다.

"어떻게 하면 출판 기획을 잘할 수 있어요?"

___

"김영하, 유시민, 정재승 같은 분과 친하게 지내세요. 언제 봐도 볼 수 있는 친구들과 어울린다고 시간 뺏기지 말고."

"그런 분들과 어떻게 친하게 지낼 수 있죠?"

"그걸 알면 내가 이러고 살겠어요."

매우 유익한(?) 질문과 답변이었다. 기획에 대한 만 개의 이론과 논리가 있지만 베스트셀러 저자에게 계약서 한 장 받아내면 게임 끝이다. 그게 안 되니 '어떻게 하면 기획을 잘하지?' 고민하는 거다. 무명의 작가를 스타로 만드는 게 진짜 능력이긴 하지만 그건 솔직히 편집자나 출판사의 노력만으로는 안 된다. 무조건 운이 따라줘야 한다. 세상사가 그런 걸 이치를 따져 설명하긴 어렵다. 이렇게 말하는 내가 무척 한심하긴 하다만….

정말로 "베스트셀러 저자에게 계약서 한 장 받아내면 게임 끝"일까? 유리할 것은 틀림없다. 그러나 유명 저자는 이미 입도선매한 계약이 많을 것이기에 줄을 서도 차례가 오기 어렵다. 요즘은 세상이 너무 빨리 변한다. 2000년대에 이름을 날렸던 작가들의 책도 뜨거운 반응을 기대하기 어렵다. 정말로 잘 잡아야 한다. 신생출판사 중에는 부도덕한 편집자에게 속아 작가들과 계약부터 잔뜩 하는 바람에 제대로 시작도 해보지 못하고 도산한 경우가 많다.

문학 편집자는 '기다리는 사람'

나는 2014년에 〈기획회의〉 창간 15주년 기념 특별단행본『한국의 출판기획자』를 펴냈다. 1970년 이래 한국문단의 양대 산맥은 창작 과비평사(현 ㈜창비)와 문학과지성사였다. 그 틈바구니에서 독자적인 영역을 개척해서 제3의 중심으로 떠오른 출판사가 문학동네다. 지금은 민음사와 창비, 그리고 문학동네가 3강 체제를 구축하고 있다. 나는 그 책에 문학동네 강태형 사장과의 인터뷰를 실었다.

지금은 계열 임프린트가 많지만 원래 문학동네는 작가 중심의 문학출판사였다. 1993년에 문을 연 문학동네의 20주년 기념식 때 축사는 작가 신경숙이 했다. 20년의 역사를 압축적으로 보여주는 영상에는 신경숙 외에도 황석영, 김훈, 은희경, 안도현, 김영하, 김연수 등 문학동네를 무대로 활동한 작가들이 주로 등장했다. 신생 출판사 문학동네는 신경숙의『깊은 슬픔』과『외딴방』이 연이어 베스트셀러에 오르면서 자리를 잡아나갔다. 문학동네는 현재 가장 많은 신간 소설을 출간하고 있는데 작가의 책을 펴내서 성공한 인연이 겹쳐 지금의 출판사가 되었다. 나는 그 인터뷰에서 어떻게 해서 작가들을 만났냐고 물었다.

제가 젊은 시절 자유실천문인협의회 편집간사로 일하면서 작가들을 많이 만났는데, 두 가지에 놀랐어요. 하나는, 제가 그동안 적잖은 책을 읽었구나 하는 것이었어요. 제가 전작주의로 독서를 한 것도 아닌데 이청준 선생님이나 박완서 선생님을 처음 만나 한참 이야기를 나누다 보니 제가 그분들의 책을 다 읽었더군요. 두 번째는, 제가 선생님들의 책을 다 읽은 것을 깨닫고 그 말을 했을 때 선생님들이 저를 대하는 태도가 확연히 달라지는 것에 놀랐어요. 자세를 바로 하시더군요. 딱히 '내 책을 다 읽어줘서 고맙다'는 것이 아니라, 당신이 쓴 책을 다 읽은 사람에게 보여주는 약간의 존중 혹은 인정하는 마음이셨던 것 같아요.

아무렇지 않게 '당신의 책을 다 읽었다'고 말하는 사람 앞에서 작가들은 형식적이지 않은 어떤 모습을 보여주었어요. '제 손으로 선생님 책을 한번 편집하고 싶다'고 말하면 진정성을 갖고 대해주셨지요. 문학 편집자라면 원고를 받고 싶은 작가 앞에서 '선생님 책을 다 읽었다'고 말할 수 있는 것이 일차적 요건이라고 생각합니다. 어떤 작가의 원고를 받고 싶다면, 그래서 '작가와 편집자'로서 관계를 맺고 싶다면, 그게 만남의 첫걸음이어야 합니다.

작가에게 작품은 아무리 줄여 말해도 한 해 농사입니다. 한 권의 책을 집필하는 데 최소 1, 2년은 걸리잖아요. 그 한 해 혹은 두어 해 농사를 통째로 맡기는 일이 출판계약입니다. 믿을 수 없으면 맡기지 못하는 거죠. 오래 함께 일해온 작가라면 이런저런 과정을 겪으며 신뢰를 쌓아왔겠지만, 처음 만나는 작가는 그런 게 없는 상태에요. 그럴 때 그 신뢰의 첫 얼굴을 보여주는 게 편집자입니다. 작가를 처음 찾아가 만나는 사람이 편집자인데, 그 편집자를 만나 대화하면서 작가는 마음을 정하는 경우가 많아요. '이 편집자는 정말 내 작품을 읽고 좋아하는구나' 하는 믿음을 줄 수 있어야 합니다. 그것만큼 중요한 것은 없어요. 출판사의 방침이나 비전, 홍보마케팅 비용 책정 등 그 어떤 약속보다도 '내가 평소 당신 작품을 어떻게 읽어왔고, 내가 당신 작품을 좋아하고, 내가 꼭 한번 당신 작품을 편집하고 싶다'는 꿈이 전달되어야 합니다. 그게 가장 기본적인 신뢰입니다.

이게 말처럼 쉬울까? 문학 편집자로 성공한 사람을 찾기가 쉽지 않다. 내가 강 사장에게 한국의 대표적인 문학 기획자를 꼽아보라고 주문했을 때 그는 김현, 김병익(이상 문지), 백낙청, 이시영(이상 창비) 등을 가장 먼저 거론했다. 그때 실천문학의 송기원과 김사인도 꼽았지만 지금 실천문학은 주류에서 많이 밀려난 상태다. 강 사장은 문학 편집자는 무조건 책을 많이 읽어야 한다고 했다. 맞는 이야기다. 문학시장에서 살아남으려면 시장 상황을 잘 알아야 한다. 읽지 않고는 불가능하다.

그리고 많은 작가와 만나야 한다. 나는 20대 후반과 30대 전체를 문학출판사 창비에서 보냈다. 그래서 그런 사정을 누구보다 잘 안다. 작가들은 왜 그렇게 술을 마시던지! 문학출판사를 운영하려면 좋은 작품을 고르는 안목을 갖춰야 하는데 그런 능력은 책을 읽지 않고는 키워지지 않는다. 편집자를 고용해서 그런 일을 해결하려던 출판사 사장들은 거의 모두 살아남지 못했다.

문학출판사 경영자는 좋은 작품을 고르는 안목 이상으로 좋은 작품을 쓰게 하는 능력도 필요하다. 문학출판사는 재능 있는 작가가 편안하게 글을 쓸 수 있도록 지원하는 후원자 역할을 하기도 한다. 때로는 작가와 글자 한 자를 놓고 몇 달 동안 다툴 수 있는 자세가 필요하다. 꽤 이름이 알려진 신인작가의 신작소설이 3,000부를 넘기기 어렵고, 중견작가들마저 1만 부~2만 부를 넘기기가 어려운 요즘 같은 시절에는 안목 있는 문학 편집자 없이 문학출판사를 운영할 수는 없다. 그것은 나도 충분히 알았다. 나는 그 인터뷰에서 강 사장에게 문학 편집자가 반드시 갖춰야 할 미덕을 물어보았다.

강 사장은 "감동을 기다리는 사람, '찾아 나서는 사람'이라면 더욱 좋겠지만 문학 편집자는 여느 출판 부문의 기획자들과는 달리 응모되거나 투고된 원고 더미 혹은 문예지에 발표된 작품들 속에서 작가를 만나는 경우가 많으니까, '기다리는 사람'이라고 해야겠죠. 이 원고 더미들 속에 굉장한 작품이 숨어 있을 거야, 혹은 이 문예지에 엄청난 재능이 담겨 있을 거야, 하는 기대로 가슴 설레는 사람. 그런 설렘을 가지고 살아야 하는데, 저는 이제 늙어서 많이 잃어버린 덕목이죠. 사실 이제까지 편집자에 대해 제가 말한 것들이 제게도 부족한 게 많아요. 특히 가장 아쉬운 게 감동하는 능력이죠. 감동은 아무나 할 수 있는 게 아닙니다. 가슴이 화석화되어 어떤 책을 읽어도 감동할 줄 모르는 사람들 많아요. 그런 사람은 감동이 찾아와도, 대단한 문학적 재능이 찾아와도 알아보지 못하죠. 저 역시 젊은 시절 같지 않아요. 편집자가 감동할 줄 모른다면, 그건 편집자의 죽음"이라고 말했다.

역시 어려운 이야기다. 성공한 문학작품은 꾸준한 인기를 누리고 확장성이 크다고 했다. 나는 문학 출판에 뛰어들어야 했다. 그러나 기존의 유명 출판사와 경쟁할 자신이 없었다. 그래서 시장세분화Segmenting부터 해서 내가 진입할 수 있는 목표시장을 선택Targeting해야 했다. 시장세분화의 기준은 지역적 세분화, 인구통계적 세분화, 심리도식적 세분화, 행동적 세분화, 구매준비 단계별 세분화 등 무수히 많다. 시장세분화를 통해 세분시장을 객관적으로 식별할 수 있고, 시장의 규모를 측정할 수 있어야 하며, 경제적 가치가 있고 진입이 가능한 시장을 찾아낼 수 있어야 한다. 소설시장에서 장르문학을 비롯한 서브컬처는 아직 꽃을 피워보지 못한 시장이었다. 내가 졸저『출판 마케팅 입문』을 펴낸 1997년에 SF의 마니아는 대략 5,000명 정도로 추산되었다. 그때 국내 작가의 SF는 찾아보기 어려웠다. 그러나 지금은 국내 작가의 SF로도 5,000명이 가능할 정도로 시장이 확대되었다. 인공지능 시대에 접어들면서 SF는 가능성이 커질 것이 분명해 보였다. 그래서 나는 '요다'라는 브랜드를 만들고 이 시장에 뛰어들었다. 이미 기존 출판사들도 서브컬처의 작품을 펴내거나 계열 임프린트를 갖고 있었다.

나는 그들과 차별화부터 시도할 준비를 했다. 이 시장에서 성공한 출판사들은 주로 해외 유명작가의 작품들을 잘 골라서 펴낸 출판사들이었다. 잘 익은 곶감만을 따서 먹는 것처럼 주옥같은 작품들을 잘 골라 책을 펴내면서 명맥을 이어왔다. 그런 일이 있었기에 시장은 성숙기에 접어들 수 있을 것 같았다. 그러나 국내 작가들을 주목하는 출판사를 찾기 어려웠다. 몇 출판사가 있기는 했다. 그러나 그런 출판사마저 소수의 작가에게 관심이 집중돼 신인작가들은 주목을 받기 어려워 보였다. 나는 출판사는 둑부터 쌓아야 한다고 강조해왔다. 둑을 만들면 저수지에는 물이 고인다. 고인 물로 농사를 짓거나 전기를 생산할 수 있다. 저수지에서는 물고기가 자란다. 맑은 물에는 많은 사람이 수영을 하겠다고 줄줄이 뛰어들 것이다. 나는 작법서, 비평서, 이론서부터 펴낼 계획이었다. 벌써 『스토리 창작자를 위한 빌런 작법서』, 『판타지 유니버스 창작 가이드』, 『판타지 유니버스 직업소개소』, 『비주류 선언』, 『웹소설의 충격』, 『좀비 사회학』, 『만화잡지는 죽었다, 웹만화 전성시대』, 『고백, 손짓, 연결』, 『81년생 마리오』 등이 나왔다. 서브컬처 비평가 모임인 텍스트릿과 연대해 '요다 해시태그 서브컬처 비평선' 30여 권을 기획했다. 머잖아 1차분 다섯 권이 출간될 예정이다.

　나는 작가들을 일일이 만나서 작품을 달라고 사정을 하기가 싫었다. 스스로 찾아오게 만들고 싶었다. 그래서 둑부터 쌓기 시작한 것이다. 주요 문학출판사들은 계간지를 펴내고 있다. 요다에서도 언젠가는 서브컬처 전문 잡지를 펴내겠지만 아직 여력이 없다. 그래서 주제별 앤솔러지를 펴내기 시작했다. 물론 작가들의 도움이 컸다. 문학 계간지에는 보통 소설이 다섯 편 안팎으로 실린다. 앤솔러지에도 그 정도로 실린다. 이런 작품집을 펴내면서 작가들과의 만남의 고리를 만들고 있다. 이런 작업을 통해 '요다 픽션'을 시작했다. 이미 두 권이 나왔고, 대여섯 권의 차례가 짜였다.

벌써 투고작도 줄을 잇고 있다. 편집자들은 작가들의 미래를 열어주기 위한 최선의 방안을 찾기 시작했다. 문학출판사 편집자들은 투고작에서 가능성이 있는 원고를 찾는 것이 난지도 쓰레기장에서 진주를 찾는 꼴이라고 한다. 힘들다고 해서 그런 일을 하지 않으면 진주는 찾을 수 없다. 그러니 힘들더라도 열심히 찾아야만 한다. 요다는 무척 운이 좋게도 김동식 작가를 만났다. 그는 혜성처럼 나타나 요다를 돕기 시작했다. 그를 요다에 소개한 이는 김민섭 작가다. 김민섭 작가는 문화류씨도 발굴해 연결해줬다. 앞으로 요다는 외부협력자와 연대하면서 독자적으로도 작가를 열심히 발굴할 계획이다. 그래야만 요다에 미래가 있다.

베스트셀러를 만드는 건 안목 있는 기획자

문학출판사는 유망한 신인을 찾아내면 도약의 계기를 만들어낸다. 요다는 김동식 작가를 발굴해 불과 2년 만에 안정된 출판사로 올라섰다. 창업보다 힘든 것이 수성이다. 앞으로 유망한 작가를 꾸준히 찾아내야만 밝은 미래가 보장된다. 작가 발굴에 관해 맞춤한 사례를 이야기해보자. 2008년에 한국시 100년을 기념해 KBS가 국민을 대상으로 실시한 애송시 설문조사에서 도종환 시인의 「접시꽃 당신」은 현존하는 시인의 시로는 1위, 전체로는 9위에 올랐다.

도종환 시인은 청주와 대구의 문인들이 연대해 활동하던 '분단시대'의 동인이었다. 그는 '분단시대' 동인들의 공동시집 『분단시대 판화시집』에 「접시꽃 당신」, 「병실에서」, 「암병동」, 「옥수수밭 옆에 당신을 묻고」, 「당신의 무덤가에」 등 다섯 편의 시를 발표했다. 이들 시로 인해 도종환 시인은 도교육청 장학사로부터 심한 조사를 받은 뒤에 두 살 난 아들과 갓 태어난 딸을 청주에 남겨놓고 옥천의 한 중학교로 쫓겨났다. 시인은 옥천의 하숙방에서 홀로 기거하면서 암으로 세상을 뜬 아내 구수경을 떠올리며 이 시들을 썼다. "살아평생 당신께 옷 한 벌 못 해주고/ 당신 죽어 처음으로 베옷 한 벌 해 입혔네"라는 시구가 상징하는 바대로 죽은 아내에 대한 회한의 감정이 절절하게 드러나는 순애보인 시들이다.

이 시들의 가치를 알아본 이가 당시 실천문학사 편집책임자였던 김사인 시인이었다. 김 시인은 이 시들을 보고 도종환에게 시집을 내자고 종용했다. 숨 막히는 5공화국 치하의 엄혹한 현실에 전교조 동료들이 핍박받고 있는 상황에서 사적인 삶을 노래한 시집을 펴내는 것을 꺼리던 도종환 시인은 결국 김사인 시인의 간절한 요구를 받아들일 수밖에 없었다. 덕분에 밀리언셀러의 반열에 오른 『접시꽃 당신』이 등장할 수 있었고, 이 시집은 영화, 연극, 드라마 등으로 만들어지며 한국을 대표하는 순애보가 되었다.

이처럼 대형 베스트셀러가 된 문학작품에는 어김없이 작품을 제대로 바라본 안목 있는 기획자가 존재했다. 그들은 주로 문인이었다. 과거 1980년대 문학출판사 주변에는 문인들의 술자리가 많았다. 그 술자리야말로 대단한 '기획회의'였다. 나는 편집자가 아니었음에도 1980년대에 무수한 술자리에 참석할 수 있었다. 지금은 작고한 무수한 문인들도 술자리에서 만났다. 지금도 술자리는 있겠지만 이제 편집자는 술자리에서 작가를 찾지 않아도 된다. 소셜미디어가 있기 때문이다. 또 무수한 잡지가 있다. 이미 나온 책을 읽고 문학동네 강태형 사장처럼 미래를 열어갈 작가를 만날 수도 있다. 김사인 시인처럼 무명의 시인을 최고의 인기 시인으로 만들 수도 있다.

문학출판사는 한번 관계를 맺은 작가와 좋은 관계를 유지할 필요가 있다. 1943년생인 오시마 이치요는 34년간이나 편집자 생활을 했다. 그는 2001년에 출간된 『편집자 학교』에 「문학 편집자가 알려주는 작가와 교류하는 법」을 발표했다. 오시마는 문학 편집자는 '작가와 어떠한 관계를 맺는가'에 모든 것이 달려 있다고 말했다. 나는 평상시에 "나를 비롯한 글 쓰는 사람은 모두 환자"라고 말해왔다. 오시마의 지적처럼 "털털해 보이는 사람도 실은 굉장히 섬세하고 상처를 잘 받는 겁쟁이"인 경우도 적지 않다.

작가는 "몸과 마음을 도려내면서 원고를 쓰는" 사람이다. 문학 편집자는 그들과 어떤 관계를 맺어야 할까? 오시마는 문학 편집자를 노예형, 대항형, 우정형의 세 유형으로 나눈다. 노예형이란 말 그대로 노예처럼 작가에게 혹사당하면서 일을 해내는 타입이다. 작가가 휴일에도 부르면 쏜살같이 달려가 "이사 도우미, 정원 청소, 애인과의 여행 준비, 빚보증, 애 돌보기, 자식 아르바이트 알선, 생일 선물 등등"의 일을 마다하지 않고 하는 유형이다. 요즘은 과도한 선인세로 작가의 작품을 얻어내려고 애쓴다. 이 또한 노예형이라고 볼 수 있다. 일본에서는 한때 편집자는 유명작가의 집에서 화장실 문고리를 얼마나 잡아보았느냐에 따라 실력을 가늠해볼 수 있다고 했다. 유명작가의 집에 초대받아 술을 자주 마시는 사람은 좋은 원고를 받아낼 확률이 높았다.

대항형은 작가에게 반항심을 갖고 대하는 편집자다. 주로 작가의 꿈을 이루지 못한 사람들이기 십상인데 겉으로는 온화하고 상냥해 보이지만 속은 무척 냉소적이다. 원고를 꼼꼼히 검토하고 흠찾는 데는 도사다. 장점을 찾아내서 가능성을 키워야 하건만 약점을 찾아내면 바로 그대로 묵살하는 경우가 많다. 이런 유형은 노련하게 신인을 키우는 사람도 있지만, 가끔 엉뚱한 말을 해서 미움을 받거나 싸움을 벌이는 사람도 있다. 대형 작가에게는 바른말을 잘하는 대항형 편집자가 한둘 붙어 있을 확률이 높다.

우정형이야말로 작가와 편집자의 이상적인 관계다. 일본의 전설적인 편집자인 겐토샤의 겐조 도루가 무라카미 류와 신인 때부터 수십 년간 친구로 만나면서 같은 식당에 두 번 이상 가본 적이 없다고 쓴 글을 읽은 적이 있다. 겐조 도루는 작가의 상상력을 위해서 그리했다고 말했다. 이 또한 노예형이라고 볼 수도 있을 것이다. 따라서 편집자에게는 세 유형의 성격이 모두 공존할 것인데 어느 특성이 잘 드러나는가에 따라 신뢰의 폭이 달라질 것이다.

그렇다면 문학 편집자가 갖춰야 할 가장 큰 미덕은 무엇일까? 오시마는 "작가에게 받은 원고를 최대한 빨리 읽고, 감상을 전해주는 일"이라고 말한다. 밤을 새워서라도 읽고 24시간 이내에 연락해서 감상을 말해줘야 한다는 것이다. 예전에 출판전문지 기자 중에 작가의 원고를 읽어야만 인터뷰를 하는 기자가 있었다. 그는 열두 권의 대하소설『아리랑』을 완독하고서야 인터뷰를 했다 해서 화제가 됐다. 그는 양귀자 작가의 마음에 들어 편집자의 경험이 없었음에도 곧바로 문학출판사 편집장이 될 수 있었다. 그런 자세를 갖춘 사람이라면 실패하지 않는 기획자가 될 것이다. 작가는 "자기가 쓴 글이 재밌는지 아닌지 불안해서 견딜 수 없을 테니 첫 독자로서 가능한 한 빨리 감상을 전해주는 것이 예의"다.

작가와 교류할 때 문학 편집자가 갖춰야 할 미덕

작가와 교류할 때 갖춰야 할 다른 미덕은 무엇일까? 나는 편집자의 실력을 작가의 말을 듣고 판단한다. 몇 줄의 메일로 글을 반드시 쓰게 만드는 편집자의 이야기를 무수하게 들었다. 그런 편집자가 될 필요가 있다. 다음은 오시마가 제시하는 편집자의 여섯 가지 미덕을 요약한 것이다.

1) 우선 칭찬하라

원고를 받아서 읽고 감상을 전해줄 때는 칭찬으로 시작하는 것이 좋다. 원고의 완성도가 높고 재미있을 때는 칭찬하기가 수월하겠지만 그렇지 않을 때에도 최대한 재미있는 부분을 찾아서 그 부분을 칭찬한다. 칭찬을 잘하기로 유명한 영화평론가 요도가와 나가하루는 이 묘사가 좋았다든지 주인공의 저 대사가 좋았다든지 특정 부분을 칭찬한다. 작가는 자기가 쓴 글이 재미없을까 봐 불안해한다. 그러니 우선 칭찬해서 안심시킨 후에 궁금한 사항이나 요구사항을 조금씩 내밀어야 한다. 작가가 상처받지 않도록 "이렇게 하면 더 나아지지 않을까요?" 하는 식으로 얘기를 끌고 간다. 서로 의견을 주고받을 수 있는 분위기를 형성하는 것도 편집자의 중요한 임무다. 원고를 읽고 "음…" 하면서 고개를 갸웃거려서는 절대 안 된다.

2) 다른 작가를 칭찬하지 마라

자신이 담당한 작가 앞에서 다른 작가의 작품이나 언행을 너무 칭찬하면 안 된다. 작가는 질투가 심하고 자기가 최고라고 여기는 사람이므로 눈앞에서 다른 작가를 칭찬하면 기분이 상할 수 있다. 특히 그 작가의 라이벌로 불리는 작가를 칭찬하는 건 절대 금물이다. 작가 앞에서 칭찬하려면 번역물이 좋다. 외국 작가가 쓴 글은 마음껏 칭찬해도 괜찮다. 질투심이 일지 않기 때문이다. 오히려 새로운 정보라면서 좋아할지도 모른다.

3) 대표작과 최신작은 반드시 읽어라

처음 작가를 만나러 간다면 대표작 둘, 최신작 셋 정도는 읽어놓아야 한다. 신인작가라면 전 작품을 읽는 것이 예의다. 작가는 예민하므로 자기 작품을 읽었는지 아닌지 바로 알아챈다. 거짓말은 통하지 않는다. 만약 읽지 않았다면 그 사실을 꿰뚫어 보고 편집자로서의 점수를 깎을 것이다. 담당 작가의 신간을 읽는 건 당연한 일로, 연재 중인 작품도 훑어두어야 한다. 가능하다면 메일로 감상을 보내는 것도 좋다. 서평을 발견하면 전화로 알려주거나 복사해서 팩스나 메일로 보내준다. 이런 사소한 행동 하나하나가 작가와의 관계를 돈독하게 만들어준다.

4) 술자리에서는 우쭐거리지 마라

편집자는 작가와 술을 마실 기회가 많은데 술기운에 아무 말이나 떠벌리다가 좋은 관계가 무너져버리는 경우가 흔하다. 이는 작가뿐 아니라 인간관계 전반에 해당하는 얘기다. 특히 무명 시절부

03. 문학출판사 창업자의 자세

터 알고 지낸 작가라면 옛날이야기는 되도록 하지 않는 게 좋다. 둘이서만 마실 때는 아련한 추억 애기로 끝나지만, 다른 사람과 같이 마실 때 옛이야기를 꺼냈다간 작가가 민망해지는 상황이 발생할 수도 있다. 작가와 동행한 사람에게 말을 많이 걸면 작가의 기분이 상할 수 있으니 이것도 조심해야 한다.

5) 원고료는 작업 시작 전에 말하라

돈에 관해 이야기하는 것을 창피해하지 않아야 한다. 작가 쪽에서 먼저 말을 꺼내기는 쉽지 않을 테니 편집자 쪽에서 말을 꺼내는 게 좋다. 작가는 원고료가 높다고 쓰거나 낮다고 해서 쓰지 않는 경우는 거의 없다. 원고료가 낮아도 편집자와의 관계나 어떤 기획이냐에 따라 글을 쓰는 작가가 많다. 이 분야야말로 돈이 전부가 아니라는 믿음이 남아 있는 귀중한 세상이다. 문학도 비즈니스임에는 틀림이 없으니 원고료는 사전에 알려줘야 한다.

6) 문학을 사랑하라

이게 결론이다. 문학을 사랑하고, 읽는 것을 좋아할 것. 그렇지 않으면 문학 편집자로서 일을 해낼 수 없다. 그리고 또 하나, 작가를 사랑할 수 있을 것. 남녀관계와 마찬가지로 궁합이 있으니까 모든 작가를 사랑할 수는 없겠지만 글 쓰는 일에 대한 존경심은 필요하다. 새로운 작품을 탄생시키는 데 일조하는 기쁨을 남몰래 음미하는 것, 이것이 문학 편집자의 묘미다.

오시마 이치요의 견해는 『한국의 출판기획자』에서 옮겨온 것이다. 물론 수정·가필을 했다. 엄격하게 말해 이것은 자기 표절이다. 창작자라면 절대로 해서는 안 될 일이다. 나는 지난 22년간 출판에 대한 무수한 글을 써왔다. 그 글들에서 출판 창업과 관련해 꼭 필요한 글들은 다시 전재할 것이다. 출판 창업에 대한 책은 실용서다. 실용서는 최고의 지식만 모아놓을 필요가 있다. 내 능력이 많이 부족하기는 하지만 내가 제시할 수 있는 최고의 지식을 소개할 생각이다.

출판 창업에 대한 이야기는 출판 경영에 대한 이야기이기도 하다. 창업만 하면 무엇 하는가? 내가 경험한 바에 따르면 창업한 출판사 1,000개 중에서 한두 개도 제대로 살아남기 어렵다. 물론 다른 분야에서도 20년 이상 살아남은 업체는 극소수일 것이다. 내가 창업한 요다는 만 3년이 되었다. 이 출판사가 영원하기를 기대한다. 내가 떠나면 직원들이 이어받아 운영하게 할 생각이다. 내 연재의 일차적 독자는 직원들이다. 그래서 요다의 이야기가 많다.

출판에서 문학은 가장 중요한 본원적 시장이다. 그러나 문학만 출판인 것은 아니다. 다른 영역에서도 얼마든지 성공할 수 있다. 다음 글에서는 논픽션으로 창업에 성공한 사례를 살펴보고, 창업자가 어떤 준비부터 해야 하는지를 알아보자.

04

오랜 경력자들은 왜
출판 창업을 두려워하는가?

출판 창업은 의외로 간단하다. 시·군·구청에 가서 등록만 하면 된다. 독재정권 시절에는 언론 탄압을 하느라 출판사 등록은 허가제였다. 그래서 편법이 필요하기도 했고 등록을 사고팔았다. 그러나 민주화가 된 이후에는 누구나 쉽게 등록할 수 있다. 6월항쟁이 벌어졌던 1987년 말에는 출판사 수가 3,004개에 불과했다. 이듬해인 1988년부터 봇물 터지듯 출판사가 늘어나기 시작했다. 1994년에 1만 개사가 넘었고, 2003년에 2만 개사를 넘어섰다. 2019년 말에는 7만 416개가 되었다. 2009년 말에 3만 5,191개사였으니 10년 만에 거의 두 배가 되었다. 지난 10년 동안 해마다 평균

3,523개사가 새로 탄생한 셈이다.

그런데 이렇게 쉬운 출판사 등록을 꺼리는 사람들이 있다. 오랜 경력자들이다. 최근에도 출판사에서 30년 이상 근무한 이력이 있는 두 사람이 찾아왔다. 출판 창업만 빼놓고 아무 일이든 시켜만 주면 무조건 하겠다고 했다. 그들이 왜 그랬을까? 출판사 경영이 쉽지 않다는 것을 무수히 목도했기 때문일 것이다. 나도 그랬다. 출판사를 세울 생각은 없었다. 그러나 결국은 세우고 말았다. 출판사를 운영하고부터는 이럴 거면 미리 충분한 준비를 해서 진작 창업했으면 적게 고생했을 것이라는 생각에 후회를 참 많이 했다.

나는 편집자들에게 10년 뒤에 창업할 자신이 없으면 미리 그만두라고 말하곤 한다. 여러 출판사를 전전하느니 열심히 일한 다음에 출판 창업을 하라고 말한다. 10년이라는 시간은 석사, 박사 공부를 하는 세월과 비슷할 것이다. 공부만 하는 데에는 돈이 많이 들어가지만 나하고 일하면서 창업을 준비하면 월급을 받는다. 그걸 핑계로 급여를 깎을 생각은 애초에 없었다. 퇴근 시간이 되면 얼른 집으로 가라고 압박을 가한다. 연애를 하든 문화생활을 즐기든 되도록 많은 사람을 만나라고 이야기한다. 상상력이 없는 사람은 무엇을 해도 성공하지 못한다. 언제 창업을 해도 잘할 수 있다는 판단이 든다면 자신감이 생기게 마련이다. 자신감이 있는 사람은 타인에게도 관대한 법이다. 그런 사람이 모여야 출판사가 잘 굴러갈 것이다.

역사전문 출판사 '책과함께'의 류종필 사장은 내가 2006년에 펴낸 『출판 창업』에서 창업 이후보다 창업 이전이 중요하다고 강조했다. 그는 2004년 6월에 첫 책을 펴냈다. 16년 넘게 역사출판의 외길을 걸으며 260여 권의 책을 펴냈다. 성인용 책이 180권, 아동·청소년용 책이 80권쯤 된다. 요즘은 감히 엄두를 내지 못하는 대작도 거침없이 펴낸다. 솔직히 나는 그가 부럽다. 나도 그런 출판을 했다면 무수한 고생을 자초하지 않았을 것이다. 류 사장은 창업을 하기 전에 10여 년 동안 역사 출판사에서만 영업자로 일했다. 역사비평사에서는 8년 동안 일하면서 후반부 2년은 기획 업무를 병행했다. '푸른역사'에서도 1년 6개월 동안 영업자로 일했다. 그가 쓴 글의 제목은 "출판 창업은 생애 단 한 번의 기회"다. 한 번의 기회를 성공으로 만들기 위해 그는 '자기계발'에 끊임없이 투자했다. 그의 말을 직접 들어보자.

가장 좋은 투자는 역시 독서다. 출판사에 근무하는 10여 년 동안 매달 7~10만 원 정도의 책을 자비로 사서 읽었다. 10년 동안 약 1천만 원을 투자한 셈이다. 억만금의 창업자금보다 관심 분야에 대한 꾸준한 독서가 큰 자산이라고 생각한다. 책읽기가 단순한 독서에서 끝나는 것이 아니라 출판에 대한 데이터베이스를 구축하는 노력과 연관되어야 한다. 창업했을 때의 출판방향, 구체적인 도서목록, 관심 있는 주제의 기출간 도서에 대한 파악, 필자에 대한 정보, 학계의 동향 등 필요한 자료를 꾸준히 축적해야 한다. 흔히 출판은 사람 장사라고 하는데 사람 장사 잘하는 비결은 빈틈없는 사전 준비이며, 사전 준비의 기본은 폭넓은 조사와 자료수집이다. 이러한 준비는 〈역사비평〉〈한국사시민강좌〉〈내일을 여는 역사〉〈문헌과 해석〉 등 역사 관련 잡지와 학회지, 〈국사편찬위원회〉〈한국학중앙연구원〉 등의 사이트를 통해 얻고 있다. 특히 〈연합뉴스〉 문화면은 하루도 빠짐없이 드나들면서 학회 동향에 대한 정보를 얻고 직접 찾아가 청강을 하면서 필자 섭외에 활용하고 있다. 간혹 있는 경우지만 대학원 박사학위 논문 발표장에 찾아가 설사 계약이 되더라도 2, 3년 뒤에나 집필이 가능한 예비 필자에게 눈도장을 찍는 일도 있었다.

『출판 창업』, 한국출판마케팅연구소, 2006, 60쪽

류종필 사장은 역사교사가 꿈이었다. 교사의 꿈은 이루지 못했지만 그에게는 역사서 출판이 삶의 이상을 실현할 수 있는 일이 되었다. 그는 출판사 창업으로 정말 하고 싶은 일을 찾은 셈이었다. 억지로 하는 출판은 견디기 어렵다. 특히 인문사회과학 출판은 더욱 그렇다. 고난의 길을 자초하는 셈이다. 그는 앞의 글에서 "'왜 출판을 하려고 하는가' '어떤 책을 만들 것인가'에 대한 답을 자신 있게 할 수 있는지를 살펴서 '그렇다'라는 답이 나와야 한다"고 말했다. 그 글은 창업한 이후에 쓴 글이니 그 역시 답이 나왔기에 창업했을

것이다. 이런 문제의식을 갖고 일하는 사람에게는 출판사를 안정적으로 운영하는 데 결정적인 도움을 주는 은인이 반드시 나타나게 마련이다.

나는 그의 사례를 이야기하면서 많은 사람에게 준비를 충분히하라고 충고했다. 25세에 출판사에서 일하기 시작해 10년 경력을쌓으면 35세가 된다. 나는 30세가 되기 전에 영업 책임자가 되어서 해볼 수 있는 경험은 모두 해보았다. 그러나 자식 세대는 다르다. 35세에 인생을 새로 시작해도 늦지 않은 시대가 되었다. 그러니30세에 출판사에 들어가 일을 배우면서 준비하기 시작하면 40대에는 창업을 할 수 있다. 건강만 유지되면 반세기 동안 즐기면서 출판을 할 수 있는 것이다.

출판이 사양산업이라고? 2000년에 종이책이 사라진다고 난리였다. 나는 2000년에 방영한 EBS 〈미래토크 2000〉의 '10년 후에종이책이 사라진다?' 특집에 출연했다. 양쪽으로 나뉘어 찬반 토론을 벌이는 프로그램이었고, 나는 당연히 사라지지 않는다는 주장을 펼쳤다. 2010년에 종이책은 사라지지 않았다. 다만 아이패드가 등장해 출판시장에 강력한 회오리가 불었다. 다시 종이책이곧 사라진다는 이야기가 나왔다. 그러나 종이책은 여전히 건재했고 책의 개념이나 정의가 달라지기 시작했다. 다시 10년이 더 지난2020년에도 종이책은 건재했다. 코로나19 때문에 모든 미디어 산업이 흔들렸지만 출판은 큰 어려움 없이 계속 성장할 수 있었다. 미리 준비하지 않은 출판사들은 도태되었지만 새로운 시대에 맞는 출판을 한 출판사들에는 오히려 기회였다.

새로운 길을 내야 하는 종이책

지금은 초연결사회다. 언제 어디서든 세계 시민과 연결될 수 있다. 이런 시대에 모든 미디어는 거듭나야만 한다. 공중파 방송은 위기를 맞이했다. 거대한 조직일수록 변신이 쉽지 않다. 신문도 변해야 한다. 이미 내부에서 종이신문을 포기하자는 의견이 나오는 신문사도 있다. 디지털 콘텐츠 유통이 대세가 된 뒤에는 오로지 트래픽이 매체 영향력·영업력의 주요 지표가 되니 온라인에서 살아남아야 한다는 주장이 나오는 것도 당연하다. 광고에 의존하던 잡지도 마찬가지다. 결국 종이책도 사라지지 않겠냐는 의견도 있다. 당연히 사라질 분야가 많을 것이다. 그러나 종이책은 거듭나서 새로운 가능성을 열어가고 있다.

2011년 11월 3일 한국서점조합연합회와 출판유통진흥원이 공동 주최한 서점 포럼 '서점의 생존전략'에서 가가와 히로시 IBC Publishing 회장은 '콘텐츠 생태계의 변화와 서점'이라는 주제로 발표했다. 그날 발표에서 그는 (주)다이닛폰인쇄를 일본 출판의 '구세주'라고 추앙했다. 그즈음 미국 오프라인서점 체인 2위인 보더스가 파산했고, 1위 기업 반스앤드노블도 적자가 계속되어 체인

점을 절반이나 줄였다. 온라인서점 아마존닷컴의 등장 이후 상황이 나빠져 적자가 누적되어 파산하거나 규모를 줄인 것이다.

일본 오프라인서점의 상황도 좋지 않았다. 2000년 말 2만 1,654개나 됐던 일본의 서점 수는 2010년 말에는 1만 5,314개로 약 30%가 줄어들었다. 서점이 이렇게 줄어든 이유는 당연히 매출 감소였다. 잡지의 판매금액만 보아도 2010년의 판매금액은 1조 8,748억 엔으로 최고 전성기였던 1996년에 비해 30%가량 줄어들었다. 게다가 온라인서점의 등장 이후 오프라인서점들의 어려움은 가중되었다. 서점이 도산하는 것은 당연했다. 부채 총액 1,000만 엔 이상인 서점의 도산은 2001년부터 2005년까지는 115건에 불과했지만 2006년부터 2010년까지는 183건으로 늘어났다. 대형 서점 체인 또한 예외가 아니었다. 마루젠, 준쿠도, 분쿄도 등의 체인은 도산에 직면했다. 이걸 다이닛폰인쇄가 모두 자회사로 흡수했다. 모두 2008년 이후의 일이다. 2015년 봄에는 일본의 자존심이라 할 수 있는 1위 업체인 기노쿠니야서점마저 어려워지자 다이닛폰인쇄는 기노쿠니야와 연대해 PMIJ(출판유통 이노베이션재팬)를 설립했다.

다이닛폰인쇄는 인수하자마자 자금을 투여하여 대형서점의 출점을 도와주었다. 인쇄 물량의 80%를 차지하고 있으면서 연간매출이 1조 엔이 넘는 대기업 다이닛폰인쇄의 자금 지원 덕분에 대형서점들이 계속해서 문을 열고 있으니 가가와 히로시 회장이 다이닛폰인쇄를 일본 출판의 '구세주'로 추앙한 것이다. 그때 이미 다이닛폰인쇄는 'honto'라는 전자책 판매 사이트도 운영하고 있었다. 이 사이트는 다이닛폰인쇄의 자회사인 (주)투데이팩트2Dfacto, Inc.가 운영하는 일본 최대의 전자책 판매회사다. 만화에서부터 문예물, 논픽션, 경제지 등 다양한 장르의 책을 보유하고 있다. 독자는 NTT 도코모의 스마트폰 북리더, 아이폰(아이팟 터치 포함), 아이패드, PC 등으로 전자책을 구입할 수 있었다.

이렇게 일본 최대의 인쇄회사가 최대의 출판유통회사를 만들었다. 나는 이것이 치밀한 사전 분석을 바탕으로 한 장기계획에 따라 변신한 결과라고 본다. 다이닛폰인쇄는 1997년 7월에 계간 〈책과컴퓨터〉를 창간했다. 20세기 말에 '종이 없는 시대'의 도래가 예견되자 책의 미래에 따라 자사의 운명이 달라질 것을 예감하고 미디어 전문가들에게 20세기의 마지막 4년 동안 '책의 미래'가 어떻게 될지 진지하게 연구한 뒤 그 결과를 계간지에 담아낼 것을 제안했다.

〈책과컴퓨터〉를 발행하던 자회사 트랜스아트는 온라인판 〈책과컴퓨터〉를 동시에 발행하며 온라인에서 '원탁토론'을 통해 책을 둘러싼 문화에 대한 다양한 국제토론을 벌였다. 또 책의 미래를 예측하는 단행본도 출간했다. 2000년 7월에 간행된 『코리안 드림』은 그중 한 권이다. '한국 전자미디어 탐방'이라는 부제가 붙은 이 책은 한국의 출판과 전자미디어의 현상을 가감 없이 소개한 '세계 최초의 책'이자 유일한 책이었다.

〈책과컴퓨터〉는 4년간의 임무가 끝난 다음 2001년 가을 호로 2기를 출범했다. 2기는 판형과 스타일을 크게 바꾸었다. "복수의 얇은 잡지를 모아 한 권의 두꺼운 잡지로 만든다"는 형식을 채택했다. 자잡지子雜誌라 불리는 열 종류의 얇은 잡지를 준비해두고 그중에서 매 호마다 다섯 개 정도의 자잡지를 선택해 전체의 모잡지親雜誌로 만들었다. 이 2기는 2005년 여름 호까지 4년간의 임무를 마치고 종간되었다.

나는 〈책과컴퓨터〉가 주도하는 동아시아 공동출판의 한국 편집위원으로 일하면서 1년에 서너 차례씩 일본을 방문해 많은 사람을 만났다. 그때 심포지엄에도 참가했다. 최근의 일본 출판시장을 보면 그때 마련한 장기비전에 따라 변화를 이뤄가고 있는 것으로 보인다. 최근 일본 출판은 그때의 메세나 출판으로 찾아낸 비전으로 새로운 비즈니스 모델을 확립해나가는 것 같다. 만약에 종이책이 사라질 것이었다면 다이닛폰인쇄가 서점유통에 엄청난 비용을 투입하지 않았을 것이다.

출판 창업을 한 다음에 열 권은 빠르게 펴내는 것이 좋다. 첫 권이 대박을 치는 경우도 없지 않다. 『죽고 싶지만 떡볶이는 먹고 싶어』(흔)는 대형출판사에 근무하던 편집자가 회사에 기획안을 제출했지만 6개월이 넘도록 전혀 반응을 보이지 않아 창업해 펴낸 첫 책이다. 이 책은 가벼운 우울 증상이 계속되는 상태인 '기분부전장애'를 앓고 있는 20대 직장 여성과 전문의가 12주간 나눈 대화를 엮은 정신과 상담기록을 담은 것으로, '소확행' 트렌드의 선두주자가 되면서 대박이 났다. 이 책의 기획자인 흔의 김상흔 대표는 출판기획자 맹한승과의 인터뷰(〈기획회의〉 483호)에서 2030 세대의 독서 취향이 이제는 전혀 다른 지점으로 향하고 있음을 강조하면서 다음과 같이 말했다.

> 지금은 문자의 권위가 떨어지고 있죠. 사람들이 전문가의 책을 읽어봤자 별로 나아질 것도 없다는 걸 눈치챘어요. 책 한 권 읽는다고 인생이 달라지거나 그렇지 않잖아요. 그걸 읽고 자기가 어떻게 하느냐에 달린 거죠. 심플하게 얘기하면 전문가는 떡볶이 얘기를 하지 않아요. 학술적인 이야기만 하죠. 그런데 실제적인 젊은 사람들이 느끼고 있는 현시대의 불안들이나 우울, 관계들에 대해서 누구나 공감할 수 있는 그들만의 부분이 있어요. 이처럼 젊은이들만이 느낄 수 있는 내면심리에 대해서 솔직하게 말하는 거죠. 공감을 작가가 맡고 있다면, 베네핏은 정신과 선생님이 맡고 있는 거죠. 한마디로 작가의 정신과 상담기록이 2030이 겪고 있는 자신들의 사소한 심리적 문제들과 동일시되면서 그들의 공감과 대화의 장이 된 거죠.

그는 독자가 지식이 아니라 지성(지혜)을 찾는 변화를 제대로 읽어냈다. 절묘한 시기에 출간돼 독자들의 입소문을 타면서 베스트셀러에 올랐다. 그러나 첫 책의 성공이 독이 되는 경우도 없지 않다. 그래서 처음부터 창업 후 어느 시장에 뛰어들지를 제대로 분석해 놓고 시작하는 것이 좋다.

데이터 마인드를 바탕으로 기획하는 일

길벗은 참신한 기획과 세련된 서적 제작으로 매우 빠른 시간 안에 고속 성장을 이룬 출판사다. 2020년 코로나19의 압박에도 가장 선전한 출판사는 길벗이 아닌가 싶다. 길벗스쿨에서 출간한 『이상한 과자 가게 전천당』은 집에 갇혀 지내야만 하는 학생들이 한번 잡기만 하면 끝까지 읽는 책이었다. 책은 스릴과 서스펜스가 강점인 게임과도 경쟁해왔는데 코로나19의 위기에서도 그런 강점을 보인 책들을 펴낸 출판사들이 위기를 쉽게 돌파할 수 있었다. 2005년 출간 이후 2020년 개정판까지 5번의 개정을 거치며 100만 부라는 판매고를 올린 『주식투자 무작정 따라하기』의 최신개정판을 출간해 20만 부 이상 판매하는 성과를 냈다. 길벗은 불황을 모르는 출판사가 아닌가 싶다.

1997년에 펴낸 졸저 『출판 마케팅 입문』 초판본에는 '길벗의 컴퓨터책 시장 공략'이라는 별도의 장이 실려 있었다. 권말에는 「컴퓨터 서적 분야 참여를 위한 시장조사 보고서」도 실었다. 편집자들이 2005년에 개정판을 펴내면서 이 부분을 삭제해버렸다. 나는

1980년대 중반에 회사에 컴퓨터책을 내자고 제안했다가 '묵살'당했다. 문학출판사에서 컴퓨터책이라니! 영업자로 너무 힘든 경험을 하면서 크라운, 대림, 영진, 성안당, 정보문화사 등 컴퓨터책을 펴내는 출판사들이 승승장구하는 모습이 무척 부러웠기에 그런 이야기를 푸념처럼 늘어놓았다고 볼 수 있다.

길벗도 컴퓨터책 시장에서는 후발 주자였다. 길벗은 1994년에 컴퓨터책 시장의 신규 참여를 위해 그때까지 국내에서 발간된 컴퓨터 서적 1,400종에 대한 개괄적 분석을 통해 시장 진입 기회를 찾아냈다. 「컴퓨터 서적 분야 참여를 위한 시장조사 보고서」를 보면 길벗은 상품분석(분야별 컴퓨터 서적 발간 권수), 제조업체 분석, 베스트셀러 분석(소비자 욕구 분석) 등의 분야별 분석 결과를 통해 자사의 컴퓨터서적 출판 방향을 잡았다. 당시 출판사들이 너도나도 입문서 내기에 바쁠 때 길벗은 인터넷에 관한 입문서를 펴내기로 결정했다. 첫 책의 인상이 좋아야 출판사가 안정된 성장을 구가할 수 있다. 이것은 매우 잘된 결정이었다.

그러나 1995년에 『인터넷 무작정 따라하기』를 펴냈을 때는 이미 30여 종의 인터넷 관련 서적들이 출간된 뒤였다. 컴퓨터책에도 계통수가 있는 법이다. 입문서를 읽는 독자는 윈도우나 인터넷에 대한 책을 찾을 수밖에 없다. 그런 흐름은 누구나 예상할 수 있다. 『인터넷 무작정 따라하기』는 곧 컴퓨터 서적 베스트셀러 1위에도 오르고 종합순위에까지 진입했다. 인터넷에 관한 책을 펴냈던 다른 출판사들이 뒤늦게 길벗에서 부록으로 펴냈던 인터넷 여행지도를 부랴부랴 추가했지만 길벗의 『인터넷 무작정 따라하기』가 잘 팔린 것은 덤으로 끼워주는 부록 때문이 아니었다.

이 책이 성공할 수 있었던 가장 큰 이유는 사용자 중심의 구성을 갖춘 책을 만든다는 방침에 매우 충실하여 다른 경쟁 서적들과는 확연하게 차별화가 가능했기 때문이다. 또한 다른 책들이 초급·중급·고급 독자를 모두 타깃으로 삼은 데 비해 길벗은 중급 사용자 시장을 타깃으로 한정하는 전략을 세웠고, 제목처럼 무작정 따라하기만 하면 인터넷을 익힐 수 있다는 콘셉트가 독자들에게 주효했다.

『인터넷 무작정 따라하기』로 출판시장 중 컴퓨터시장이라는 세분시장에 성공적으로 진입한 뒤 길벗은 컴퓨터시장 중 가장 큰 입문서시장을 공략하기 위해 『컴퓨터 무작정 따라하기』를 이어서 펴냈다. 이 책도 출간되자마자 『인터넷 무작정 따라하기』의 후광에 힘입어 곧 베스트셀러에 진입했다. 만약에 길벗이 두 책의 순서를 거꾸로 펴냈다면 과연 오늘의 결과를 낳았을지는 아무도 장담할 수 없다. 당시 유명 연예인의 섹스동영상이 인터넷에 나도는 바람에 중년 남성들이 『인터넷 무작정 따라하기』를 경쟁적으로 구입했는데, 그래서 오늘의 결과가 나온 것은 아닐까. 이후 길벗은 '무작정 따라하기' 시리즈를 컴퓨터 분야뿐 아니라 주식이나 언어 영역으로도 확대했다.

길벗의 「컴퓨터 서적 분야 참여를 위한 시장조사 보고서」에는 결론으로 탈매뉴얼화, 매뉴얼의 편리화를 추구한 상품, 대상층의 세분화, 본격적인 매뉴얼로의 접근이라는 네 항목이 간단하게 정리돼 있다. 이런 정리가 오늘날의 길벗을 낳았다고 볼 수 있다. 길벗은 요즘도 2년마다 독자(소비자)를 대상으로 시장조사를 한다고 한다. 할 때마다 독자들의 욕구가 변하는 것을 느낀다고 한다. 『주식투자 무작정 따라하기』가 여섯 번이나 개정된 것은 변화한 독자의 욕구를 반영하기 위함이 아니었을까?

길벗의 이승욱 마케팅전략실 이사는 2016년의 〈기획회의〉 417호 좌담에서 자사의 마케터 핵심역량으로 '데이터마인드'를 강조했다. "여기서 데이터마인드란, 이런저런 숫자를 수집하고 분석하는 걸 뜻하는 게 아닙니다. 해결해야 할 혹은 결정해야 할 이슈와 관련하여 판단 기준점이 될 수 있는 근거를 일상적 활동, 즉 시장에서 수집하고 그 자료를 분석 평가하여 편집자와 공유하려는 마음"입니다. 이승욱 이사는 이게 누구나 할 수 있는 일이라고 생각한다고 했다. 그러나 그런 데이터마인드를 갖고 기획을 하는 사람은 많지 않다.

미래의 복마전에서 살아남을 책은 무엇일까

앞에서 경력자들이 출판 창업을 꺼린다고 했다. 왜 꺼릴까? 출판시장이 늘 복마전이 펼쳐지는 거대한 늪이라는 사실을 너무나 잘 알기 때문이다. 광고로 베스트셀러를 만드는 시대가 있었지만 그런 시대에는 자금력이 중요했다. 1990년대 중반 이후 참신한 기획으로 홍보만 잘해도 성공하는 출판사들이 없지 않았다. 북섹션에 책이 크게 홍보되면 몇만 부 판매는 보장되던 시절이 있었다. 하지만 다시는 그런 시대가 돌아오지 않는다고 말한다.

요즘은 오로지 유튜브에 잘 소개되는 것이 중요하다고 말한다. '유튜브의, 유튜브에 의한, 유튜브를 위한' 책들의 전성시대라는 말이 매우 설득력 있게 받아들여지는 시대다. 북칼럼니스트 홍순철 BC에이전시 대표는 2019년 10월 25일 한국출판학회가 주최한 제18차 출판정책 라운드테이블 '유튜버셀러 현상을 진단한다'에서 "유튜브는 책의 적인가, 친구인가?"라는 주제로 발표를 진행했다. 그는 유튜버셀러를 1인크리에이터나 인플루언서 등 인기 유튜버의 콘텐츠, 북튜버(책을 소개하는 유튜버)에 의해 소개된 책들이 베스트셀러가 되는 경우, 그리고 유튜브 성공 스토리나 유튜브 제작 노하우를 알려주는 책들이 인기를 얻는 경우 등 세 가지로 구분했다.

지금 편집자들은 콘텐츠를 책으로 만들 수 있는 인기 유튜버나 1인크리에이터를 열심히 찾고 있다. 보통 1만 명의 추종자를 확보한 인플루언서라면 책으로 펴내도 안정적인 판매가 기대된다. 과거에 책의 주요 저자였던 대학교수나 전문가들은 점점 관심권에서 벗어나고 있다. 오로지 살아낸 사람, 그것도 아주 특별한 삶을 살아낸 사람이 아니면 책의 저자가 되기 어려운 세상이 되었다.

최근 책을 소개하는 유튜버인 '북튜버' 덕분에 베스트셀러에 오른 책들이 적지 않았다. 북튜버의 주가를 한껏 키운 이는 인기 강사 김미경이다. 2019년에는 유튜브 채널 김미경TV의 '북드라마'에서 소개한 책들이 베스트셀러에 한꺼번에 진입하며 화제가 됐다. 김미경TV는 책을 광고해 효과를 낼 수 있는 최고의 매체였다. 광고비도 치솟았다고 했다. 2020년 여름에 김미경은 "코로나로 멈춘 나를 다시 일으켜 세우는 법"을 이야기한 『김미경의 리부트』(웅진지식하우스)로 직접 베스트셀러 저자가 되었다.

2020년 상반기 최고의 베스트셀러는 『더 해빙』(수오서재)이다. 이 책은 인기 유튜버를 통한 '뒷광고' 논란에 휘말리면서 바로 베스트셀러 순위에서 크게 밀리기 시작했다. 유튜브 구독자 수가 19만 명이 넘는 북튜버 김새해의 '김새해 사랑한스푼'에 올린 리뷰 영상을 통해 해당 도서가 소개되었는데 김새해가 출판사인 수오서재 측으로부터 광고비를 받았음에도 이를 명시하지 않았다는 이유로 비판이 제기되었다. 김새해가 울면서 간증하듯 이 책을 소개해 관심을 끌었지만 뒷광고 논란이 일면서 역효과도 컸다.

이런 흐름을 볼 때 북튜버로 인한 효과도 기대하기 어렵게 됐다. 공중파 방송까지 뒷광고 시장에 뛰어들었으니 곧 사회적 비판이 대대적으로 전개될 것으로 보인다. 설사 효과가 계속된다 해도 늘어나는 비용을 감당하기가 쉽지 않다. 소셜 미디어까지 매체가 다 변화되면서 마케팅 비용은 크게 증가했다. 요즘 베스트셀러를 겨냥하려면 대형서점에서는 매대를 사야만 한다. 그 비용이 만만치 않다.

또 온라인서점에서는 초기 화면 노출이 있어야 하는데 이것도 광고비와 연결되어 있다. 4대 온라인서점에서 집행하려면 적어도 한 달에 3,000만 원이 드는 이런 일을 두 달은 해야 효과가 있다고 하니 기가 막힌다. 초기에는 마케팅 업체와 연결해 사재기도 병행해야만 한다. 2019년에 30만 부가 팔려 화제가 됐던 책이 전혀 이익을 내지 못했다는 이야기가 나오는 것을 보면 상황을 대강 가늠해볼 수 있을 것이다. 이런 마케팅을 반복하는 출판사 중에서 살아남을 수 있는 곳이 과연 얼마나 될까?

30여 년의 경험자들은 이런 복마전을 너무나 잘 알기에 출판 창업 하면 손사래부터 치고 보는 것이다. 그러나 출판 창업은 10년의 준비가 필요하지 않을 수도 있다. 길벗처럼 치밀한 준비를 할 수 있는 출판사도 많지 않다. 프랑스 경제학자인 로랑 마뤼아니는 "엘리트는 유형에 따라 사냥꾼, 사육인, 목동 이렇게 세 종류로 분류할 수 있다. 전통적인 엘리트는 그들에게 맡겨진 조직을 보존하는 목동이라고 할 수 있다. 대단한 사람들은 사육자다. 그들은 자신들이 키우는 가축을 살찌우는 데 최적화된 달인들이다. 그런데 새로운 엘리트들은 바로 사냥꾼이다. 그들은 숨어서 기회를 엿보고 새로운 길을 만들어낸다"고 했다.

그렇다. 지금은 사냥꾼이 필요하다. 그들에게는 꼭 수많은 경험이 필요하지 않다. 예리한 눈과 순식간에 먹잇감을 정확하게 낚아챌 수 있는 날카로운 발톱만 있어도 큰일을 낼 수 있다. 사냥꾼들의 시도는 성공할 확률이 높지는 않지만 그런 시도가 자주 벌어지기에 출판시장은 늘 활력이 있어 보인다. 어떻게 해야 성공한 사냥꾼이 될 수 있을까? 그것은 다음 글에서 알아보자.

05

출판 창업자는
콘텐츠의 잠재력을 간파해내는
사냥꾼이 되어야 한다

세상과 시장을 늘 꿰뚫어 볼 것

지난 글에서 출판기획자는 '사냥꾼'이 되어야 한다고 말했다. 이제 그 이야기를 해보자. 2015년 초였다. 개정 도서정가제가 2014년 11월 21일부터 시행된 이후 콘셉트가 돋보이는 신간들이 베스트셀러에 줄을 이어 진입했다. 구간 할인 경쟁을 할 수 없게 되어 신간이 힘을 발휘하던 시점이었다. 신생출판사 인플루엔셜에서 2014년 11월에 펴낸 『미움받을 용기』가 막 독주를 시작할 무렵이었다. 그때 전통적인 강자들이 몰락하고 신흥 강자들이 급부상하기 시작했다. 〈기획회의〉 388호(2015. 3. 20)에서는 이런 흐름을 조

망하기 위하여 "콘텐츠의 힘"이라는 특집을 꾸렸다. 「죽은 베테랑이 될 것인가, 살아 있는 루키가 될 것인가」라는 제목의 특집 총론은 홍순철 BC에이전시 대표가 썼다.

대한민국 사회에 아들러 열풍을 불러일으킨 『미움받을 용기』를 출간한 인플루엔셜의 경우는 다섯 번째 책 만에 20만 부를 돌파하는 '대박'을 터뜨렸다. 신문과 방송은 뒤늦게 아들러 열풍의 사회적 의미를 분석하느라 분주하다. 화제의 출판사가 어디 인플루엔셜뿐이랴? 어른들에게 새로운 취미를 선사해준 컬러링북 열풍의 진원지 『비밀의 정원』을 출간한 클, 마스다 미리 열풍과 함께 '여성공감 만화'라는 새로운 분야를 개척한 이봄, 인기 팟캐스트를 책으로 탈바꿈시키며 말과 글의 경계를 허물어버린 『지적 대화를 위한 넓고 얕은 지식』의 한빛비즈, 그리고 다들 꺼진 불이라고 생각했던 하버드 마케팅에 다시 불씨를 지피며 보란 듯이 성공한 『하버드 새벽 4시 반』의 라이스메이커에 이르기까지. 이들 출판사들의 행보는 출판계 종사자들 사이에서도 미스터리로 여겨지고 있다.

새 도서정가제가 발효된 이후 출판시장은 크게 재편되고 있었다. 고가 전집의 홈쇼핑 판매가 어려워짐에 따라 대형 출판사들의 매출이 폭락하기 시작했다. 한때 연 매출 1,000억 원을 꿈꾸던 어느 대형 출판사는 두 차례에 걸쳐 절반의 직원을 내보냈다. 신인작가(저자)를 키우는 데 선구자적 모습을 보여줬던 한 문학출판사는 전통의 잡지가 휴간에 들어갔다. 사실상 폐간이었다. 세계화와 정보화의 추세에 맞추어 새로운 교양에 값하는 인물이나 테마에 대한 베스트셀러를 양산하던 한 출판사는 내부 경영권 분쟁을 벌였다. 그야말로 우리 출판의 베테랑들이 크게 흔들리고 있었다. 하지만 신생출판사들은 이제부터 한번 해보자는 의욕이 넘쳐났다. 대한민국의 출판 지형도가 완전히 바뀌기 시작했다.

그해 출판계 최대 화두가 '책의 발견성'이었다. 독자에게 책을 노출하는 것이 관건이었다. 대대적인 광고를 해도, 대문짝만하게 기사가 나도 책이 잘 팔리지 않았다. 매대를 사서 서점에 책을 진열하면 좀 더 팔리기는 했겠지만 영업 효율을 기대하기 어려웠다. '가격 경쟁'이 불가능해진 책 시장은 매우 가파르게 '가치 경쟁' 체제로 바뀌고 있었다. 완전히 새로운 환경이 조성되고 있었다. 그런 변화를 불러온 것은 '제2의 IT 혁명'이라 불리는 모바일 혁명이었다.

당시 콘텐츠의 생산과 소비는 급격하게 모바일로 이동하고 있었다. 대중은 스마트폰이나 스마트패드 등의 스마트기기로 소통하고, 콘텐츠를 생산하거나 소비했다. 이른바 '호모스마트쿠스'라는 인종이 텍스트를 바꾸기 시작했다. 이 변화의 시작은 2010년 아이패드의 등장이었다. 5년 사이에 텍스트부터 달라지기 시작했다. 웹툰 원작으로 2015년에 방영된 드라마 〈송곳〉에서 등장인물들이 뱉어내는 대사들은 뺄 것을 모두 뺀 듯한 압축과 절제가 이뤄진 대사였다. 모두 스마트폰에서 '누르며' 쓴 글처럼 보였다. 바로 그런 글들이 대세를 장악하기 시작했다. 콘텐츠 생산과 소비 시스템의 변화를 따라잡지 못하면 도태되기 시작했다.

신인을 발굴해 언론과 평론가의 '주례사 비평'의 도움을 받아 엘리트 저자로 키우던 시스템은 더 이상 작동하지 않았다. 한국문학이라는 산에 불이 나서 새카맣게 타버렸다. 몇몇 인기작가에게 의존하던 한국소설은 베스트셀러 100위 안에 1종~2종 넣기가 버거웠다. 그 틈을 비집고 웹툰과 웹소설이 시장을 주도하기 시작했다. 호모스마트쿠스는 네이버나 구글 같은 플랫폼에서 스마트폰이라는 디바이스를 이용해 직접 콘텐츠(글과 영상)를 생산해 올리고 소비했다. 네트워크에 연결된 사람들은 글을 읽자마자 바로 자신의 생각을 댓글로 달았다. 이른바 CPND의 시대가 본격적으로 작동하기 시작했다.

생산자이면서 소비자인 일반 대중이 특정한 목적성을 가지지 않은 채 우연히 스마트폰 등의 디바이스(D)를 이용해 플랫폼(P)에 들렀다가 그곳에 올라와 있는 글에 공감하고, 소통하고, 심지어 자신도 콘텐츠(C)를 생산하면서 네트워크(N)의 일원이 되어 맘껏 즐기기 시작했다. 소비자들이 2차 생산자 또는 유포자가 되어 작품을 공유함으로써 팬덤이 형성됐다. 팬을 많이 확보한 사람이 글을 모아 책을 펴내면 바로 엄청난 인기를 누리기 시작했다. 새까맣게 타버린 한국문학이라는 산에 다시 풀이 돋고 나무가 자라기 시작했다. 청소년에게 인기가 있는 장르 계열의 신진작가들은 인기작가의 반열에 오르기 시작했다. 올해 한국소설은 다시 기지개를 켜기 시작했다.

2015년에 출판마케팅의 가장 큰 화두는 '생산자와 독자를 어떻게 연결할 수 있는가'였다. 이른바 책의 발견과 연결성이 최대 화두로 떠올랐다. 과거의 출판마케팅은 올드미디어를 활용한 광고, 홍보, 이벤트, 프로모션 등에 주력했지만, 모바일 시대에 등장한 소셜미디어는 출판사가 독자와 어떻게 만나고 소통할 것인가를 고민하게 만들었다. 출판편집자가 책을 잘 만드는 일도 중요하지만 '모바일 환경에서 독자가 어떻게 책을 발견하게 만드는가'도 중요한 과제로 떠올랐다. 웹 3.0 시대에는 정확한 데이터를 기반으로 한 추천 알고리즘 기능이 더욱 강화될 것으로 예측되었다.

『미움받을 용기』는 '헬조선'을 부르짖는 스마트폰 세대의 정서와 정확하게 맞아떨어졌기에 장기간 베스트셀러 종합 1위를 독주할 수 있었다. 스마트폰 세대는 얕잡아보는 시선을 매우 싫어했다. 그런 사람들에게 미움받을 용기라도 내보라고 권유한 것이 절묘하게 맞아떨어졌다. 2015년 인문 분야 최고의 베스트셀러인 채사장의 『지적 대화를 위한 넓고 얕은 지식』은 '팟북'(팟캐스트를 책으로 옮겨놓은 것)의 중요성을 일깨워줬다. 제목을 제외하고는 검색할 것이 별로 없고, 친구가 소곤소곤 이야기해주는 것 같은 이 책은 팟캐스트로 상당한 팬덤을 확보한 저자의 책이었기에 출간 즉시 베스트셀러에 오를 수 있었다.

이후 이런 일은 일반화되기 시작했다. 코로나19가 모든 것을 바꾸어놓은 2020년에 그런 모습을 제대로 보여준 것은 신생출판사 퍼블리온이 4월에 펴낸 첫 책인 김용섭의 『언컨택트』였다. 이 책은 출간되자마자 종합 1위에 오르는 기염을 토했다. 특별한 마케팅을 하지 않았음에도 모두가 나서서 이 책을 추천해주기 바빴다. 더군다나 세계 출판시장은 하나의 상권으로 묶였다. 2020년 8월에 이 책의 일본어판이 출간될 정도였다.

이제 임팩트가 확실한 주제를 담은 책을 시의적절하게 펴내기만 하면 대중 혹은 잠재 독자와 직접 대면할 수 있는 다양한 통로가 열렸다. 시장성이 강한 먹잇감을 포착하는 안목을 가진 사냥꾼이 큰일을 낼 수 있는 세상이 되었다. 그러기 위해서는 예리한 눈과 순식간에 먹잇감을 정확하게 낚아챌 수 있는 날카로운 발톱부터 키워야 한다.

홍순철 대표는 앞의 글에서 『루키 스마트』(한국경제신문, 2015)의 저자 리즈 와이즈먼이 빠르게 변화하는 시대에 살아남는 유일한 길은 '영원한 루키'처럼 생각하고 행동하는 것이라 말한 것을 인용했다. "경험이 오히려 위험한 맹점이나 저주가 되어 우리를 가둘 수 있기 때문"에 "급변하는 세상에는 오히려 미숙함, 순진함, 무지함 같은 것이 소중한 자산이 될 수 있다"고 말이다. 10년의 준비도 중요하지만 언제든 기회가 왔다고 생각될 때는 과감한 도전을 할 필요가 있다. "베테랑들이 권위를 내세우면서 기득권을 지키는 데 혈안이 되어 있었던 반면, 루키들은 불 위를 걷는 사람처럼 작은 보폭으로 신속하게 전략적으로 움직이며 시장의 변화에 대응해나갔다"는 리즈 와이즈먼의 조언이야말로 기획자는 언제든 총을 들고 뛰어나갈 사냥꾼이 될 만반의 태세를 갖추고 세상과 시장을 늘 꿰뚫어 볼 준비를 하고 있어야 한다는 내 생각과 조금도 다르지 않다.

출판 창업 후 전환점은 실행력에 달렸다

내 출판 인생의 1차 전환점은 이은성의 『소설 동의보감』이라는 밀리언셀러를 만난 1990년이었다. 1995년 12월 9일에 서울시가 창작과비평사의 등록을 취소한 이후 8개월의 투쟁 끝에 '창작사'란 이름의 출판사 등록이 허용되어 신간을 펴낼 수 있었다. 그러나 장렬하게 '산화'하지 못하고 구차하게 목숨을 이어가자니 창작사 신간의 반응이 좋지 않았다. 내 인생에서 그때만큼 열심히 일한 적이 있었던가! 하지만 아무리 노력해도 효과가 나지 않았다.

1987년 6월항쟁의 성과로 1988년 봄에 계간 〈창작과비평〉이 복간되었고, 출판사 이름도 되찾을 수 있었다. 〈창작과비평〉 1988년 봄 호는 초판을 1만 7,000부 발행했음에도 불구하고 1주일도 되지 않아 2쇄 5,000부를 더 찍어야만 했다. 곧이어 3쇄 5,000부도 발행했다. 긴 겨울잠을 자고 깨어난 이후 순풍이 불기 시작했다. 개인사나 회사의 운명에서도 좋은 일이 종합선물세트처럼 한꺼번에 몰려왔다. 대단한 반전이었다. 나쁜 일만 계속되다가 그리되니 인생은 한순간에 달라지기도 한다는 것을 처음으로 절감했다.

『소설 동의보감』은 400만 부 이상 팔려나갔다. 그때도 신간이 나오면 6개월 안에 3,000부를 팔기가 쉽지 않았다. 3,000부가 출고되었다 하더라도 나중에 반품이 30% 이상 몰려오던 시절이었다. 그러던 시절에 400만 부라니! 1991년에는 드라마 방영을 앞두고 10만 질을 한꺼번에 발행했다. 제책소에 쌓여 있는 책을 보니 기가 막혔다. 책이 이렇게나 많이 팔린다는 것을 절감했다. 한 도매상에서 1만 질을 주문한 것을 필두로 주문이 몰려드는 바람에 책을 제책소에서 치워주는 것은 일도 아니었다.

돌이켜보면 『소설 동의보감』은 창비가 지향하는 민족문학이나 민중문학과 아무런 상관없는 소설이었다. 요즘 말로 하면 한 중년 가장이 가족도 살리고 자신도 성공하는 이야기를 담은 처세서로 볼 수도 있었다. 1989년에 현실 사회주의가 몰락하면서 우리 사회도 세계로 문이 열리기 시작했다. 그해의 해외여행 자유화 조치로 외국으로 배낭여행을 다녀오는 사람이 점점 늘어나기 시작했다. 1989년에 종합 1위를 달린 김우중의 『세계는 넓고 할 일은 많다』 (김영사)는 1990년에도 인기가 지속됐다. 새로운 세상이 열리면 처세의 방법도 바뀐다. 그즈음 개인의 야망을 강조하며 '어떻게 남보다 잘 살 것인가'를 이야기하는 논픽션이 큰 흐름을 이루었다.

『소설 동의보감』 상권이 출간된 것은 1990년 2월 말이었고 하권까지 완간된 것은 그해 3월 15일이었다. 초판을 1만 질이나 발행하고 5,000질을 배본했다. 창비 역사상 최초로 5단 통광고도 했지만 초기 반응은 너무 밋밋했다. 완간이 되고 두 달이 지난 5월 중순까지 나머지 5,000질은 창고에 그대로 있다시피 했다. 막막했다. 그때 구원의 손길을 내민 이가 교보문고 문학담당 신용군 과장이었다. 그는 〈조선일보〉 출판담당 기자에게 이 책을 추천해줬다.

그해 〈조선일보〉 5월 16일 자에 "『소설 동의보감』이 주는 감동이 이처럼 큰 이유는 무엇일까. 권유에 의해 마지못해 잡았는데도 한번 책을 펴자 하룻밤 하룻낮을 꼬박 바쳐 세 권을 내리읽게 한 이 강력한 흡인력의 비결은 어디에 있을까?"라고 쓴 이문열 작가의 서평이 실리자마자 창고에 있던 5,000질의 책은 바로 사라져버렸다. 그리고 보름마다 3만 질씩 중쇄하는 일이 거듭됐다. 얼떨결에 책이 팔린 후속 효과는 컸다. 회사 내부에서는 그때까지의 적자를 모두 한 책으로 해결했다는 농담까지 나왔다. 나의 급여는 3년 만에 두 배로 뛰었고, 해마다 연말에는 두둑한 보너스도 받았다.

판매에도 기획이 필요하다

팔리는 책을 펴낸 경험은 어디로 가지 않았다. 나는 이후 신간을 '관리형 상품'과 '효율형 상품'으로 구분하기 시작했다. 관리형 상품이란 주로 전문서로 일정한 부수 이상의 판매를 기대하기 어려운 책을 말한다. 효율형 상품이란 노력하기에 따라 판매부수를 극대화할수 있는 책을 말한다. 효율형 상품이란 집중형 상품이라고도 했다. 당시 나는 영업자였기에 편집에는 관여할 수 없었다. 가끔 아이디어를 편집자에게 전달하기는 했지만 무슨 책을 펴낼 것인지는 전적으로 편집부의 소관이었다. 그러나 책을 몇 부를 찍어 어떻게 판매할 것인가는 마케팅 책임자인 내가 먼저 의견을 내야만 했다.

이후 창비에서는 해마다 한두 종의 베스트셀러가 나왔다. 주먹구구식이 아닌 합리적인 마케팅 기획을 한 후 책을 펴내기 시작하면서 점점 자신감도 붙었다. 두 번째로 밀리언셀러가 된 책은 1993년에 출간된 유홍준 교수의 『나의 문화유산답사기』였다. 어느 순간부터 나는 판매기획이란 것을 본격적으로 하기 시작했다. 판매기획서를 작성한 다음 그 내용을 요약해서 회의 시간에 10분안에 짧게 이야기하면서 모든 사람을 설득하기 시작했다. 이런 경험이 내 인생을 바꿨다는 것은 나중에 깨달았다.

『나의 문화유산답사기』는 초판을 2만 부나 발행했다. 당시 이 책의 한 권 제작비용은 인세를 포함해 1,400원이었다. 편집자 인건비, 일반 관리비, 마케팅 비용 등은 포함되지 않은 비용이었다. 정가는 6,500원으로 정했다. 당시 단행본이 보통 5,500원을 넘지 않았던 것에 비하면 다소 비싸다고 할 수 있었지만 인문서로 분류될 것이기에 무리가 없다고 보았다. 더구나 앞으로 해마다 2권, 3권이 순차적으로 출판될 예정이어서 책값을 통일하기 위해서라도 가격을 높이는 것이 옳다고 판단했다. 하지만 『나의 문화유산답사기』 2권과 3권은 책이 두꺼워져서 정가를 올릴 수밖에 없었다.

이 책의 도매상 출고가는 최하 정가 6,500원의 60%인 3,900원이었다. 따라서 이 책의 단순 이익은 권당 2,500원이고 초판 2만 부로 계산하면 5,000만 원이 된다. 거기에 맞추어 초기 광고비를 5,000만 원으로 책정했다. 초판을 팔아서 발생하는 단순 이익을 모두 초기 광고에 투입하기로 한 것이다. 그리고 1차 목표를 한 달 안에 10만 부 판매로 잡았다. 1차 목표는 가볍게 넘겼다.

판매기획서에는 내용 개요와 더불어 저자 환경, 독자 환경, 유통 환경 등 3대 환경을 분석한 뒤 세일즈 포인트를 찾아내 제시했다. 유니크 세일즈 포인트USP는 광고할 때 헤드 카피로 바로 활용해도 된다. 이것은 편집자 입장에서는 책의 콘셉트이며, 디자이너 입장에서는 책 표지의 이미지다. 나는 내용을 분석하기 위해 늘 2교지를 읽었다. 편집자가 퇴근하면서 잠시 읽을 기회를 주면 밤새 읽은 다음에 편집자가 출근하기 전에 교정지를 되돌려주었다. 읽어보고 효율형 상품이라는 판단이 들면 교정지를 복사해서 의견을 묻고 다니며 시장조사를 했다.

3대 환경 중에서 가장 중요한 것은 저자 환경이다. 저자가 책을 판다고 해도 무방하다. 『소설 동의보감』이 처음에 난항을 겪었던 것은 저자가 생존하지 않았기 때문이다. 저자가 없으니 인터뷰나 강연도 불가능했다. 그러나 『나의 문화유산답사기』는 달랐다. 저자의 슬라이드 강연은 이미 명성이 자자했다. '문화유산을 보는 눈', '옛 그림을 보는 눈' 등 독자에 따라 패키지화했을 뿐만 아니라 참석자에 대한 저자의 배려도 남달랐다. 같은 유물 슬라이드를 보여주면서도 기업인, 언론인, 법조인, 공무원, 학생, 주부, 일반 독자 등 참석자가 누구인가에 따라 설명을 다르게 했다. 유 교수의 비서처럼 강연을 쫓아다닌 나는 무수하게 강연을 들었지만 늘 새로운 강연을 듣는 기분이었다.

유홍준 교수는 수백 번 강연을 했던 것 같다. 그 강연을 들은 사람들은 거의 모두 책을 구매했다고 보아야 한다. 지방 강연일 때도 500여 명을 모으는 것은 일도 아니었다. 강연을 듣고 감동한 독자는 대부분 책을 구매했을 뿐만 아니라 입소문을 내는 홍보사원이 되었다. 책은 보통 반복구매가 이뤄지지 않는다. 그러나 『나의 문화유산답사기』는 선물용으로 무수하게 반복구매가 되었다.

『나는 빠리의 택시운전사』의 경우에도 저자를 활용하기 어려웠다. 저자가 파리에서 18년 동안 망명 생활을 하고 있었기 때문이다. 그나마 저자가 생존하고 있었기에 '저자 없는 출판기념회'라도 벌일 수 있었다. 이 행사에 초청된 사람들은 저자와 친분이 있으면서 책 속에 직간접으로 등장하는 각계 인사 56명이었다. 서울(대한출판문화협회 강당)과 파리(저자의 집)에서 동시에 진행된 1995년 4월

11일의 행사에서는 참가자들이 휴대전화로 연결되어 대화를 나눴다. 그날 전화비가 200만 원 넘게 나왔다. 그 전화비를 저자의 친구가 부담했다. 서울에는 저자의 아버지와 외할머니, 남민전 사건 관계자들, 그의 동기생들, 언론 및 출판관계자들이 모였고 파리에는 저자 가족과 현지 기자들이 모였다.

저자 소개, '나의 홍세화'라는 제목의 지인들의 축사, '망명자의 사법적 문제'에 대한 변호사의 견해 소개, 저자의 편지시 낭송, 저자의 가족사진을 담은 슬라이드 상연, '노래를 찾는 사람들'의 축하 노래 등으로 두 시간에 걸쳐 진행된 이 행사에서는 모든 참석자가 저자가 즐겨 불렀던 「지금 그 사람 이름은 잊었지만」을 함께 불렀다. 참석자 모두가 스크럼을 짜고 노래를 부를 때는 정말 거의 모든 사람이 감동의 눈물을 흘렸다. 그 장면들은 저자와 인터뷰하기 어려운 여성지와 시사지 등에 실려 간접홍보의 효과가 컸다.

저자 환경과 책의 운명

2017년 12월 말에 출간된 김동식 작가의 『회색 인간』, 『세상에서 가장 약한 요괴』, 『13일의 김남우』 등 세 권의 소설집은 내가 23년 만에 만난 '효율형 상품'이었다. 나는 김민섭 작가의 『나는 지방대 시간강사다』를 읽고 신문에 서평을 쓴 적이 있었다. 어느 날 후배 출판평론가 김성신이 대학의 시간강사를 그만두고 대리운전을 하고 있는 김민섭이 서울에 머무를 곳이 없다며 좀 도와달라고 했다. 나는 그때 새로운 사업을 구상하느라 오피스텔에 기거하고 있었다. 김민섭 작가는 그곳에서 『대리사회』를 썼다. 나는 김민섭을 도와주려고 〈기획회의〉에 젊은 작가들에 대한 인터뷰 시리즈 '김민섭이 만난 젊은 저술가들'을 연재하게 했다.

2017년 9월 말이었다. 〈기획회의〉 편집자들이 449호(2017. 10. 5)에 실릴 「이미 가장 새로운 시대의 작가」 교정지를 출력해 나에게 주며 읽어보라고 했다. 나는 귀가하는 전철 안에서 교정지를 읽었다. 그리고 집에 도착하자마자 김민섭 작가에게 김동식 작가의 소설을 20편쯤 골라서 보내달라는 메시지를 보냈다. 나는 하루 만에 20편을 다 읽어보고는 바로 소설집을 내자고 김민섭 작가에게 말하며 김동식 작가와 연결해달라고 요구했다. 하나의 조건만 달았다. 한 권이 아니고 세 권을 한꺼번에 내자고.

그다음부터 일은 일사천리로 진행됐다. 나는 김민섭 작가에게 편집도 부탁했다. 편집비는 충분히 주겠다고 했다. 김민섭 작가는 신인작가의 소설은 한 권도 무리일 텐데 세 권씩이나 펴내는 것은 위험한 도박이 아니냐고 했다. 나는 "신인작가의 소설은 리스크가 큰 법이다. 그러나 리스크가 클수록 이익도 크다. 김동식 소설은 반드시 그렇게 될 것"이라고 큰소리를 쳤다. 나는 인간 편, 요괴 편, 외계인 편 등 세 권으로 편집해달라고 요구했지만 그것은 수용되지 않았다. 요괴와 외계인이 등장하는 소설을 한 권의 책으로 펴내기에는 무리였다는 건 나중에 알았다.

세 권의 소설이 사무실로 입고된 것은 2017년 12월 27일이었다. 이틀 동안 서점들에 책을 출고하니 바로 연말 연휴였다. 무명 신인작가의 책이니 서점들은 책을 많이 받지도 않았다. 그런데 2018년 1월 2일에 출근하니 책 주문이 잔뜩 와 있었다. 김동식 작가가 소설을 올리던 인터넷 커뮤니티 '오늘의 유머'에 책 출간 소식이 전해지자 회원들이 구매인증 릴레이를 벌인 것이다. 하루 만에 한 달의 매출을 넘겨버린 것은 물론이고 3일 만에 2쇄, 일주일 만에 3쇄에 돌입했다.

이후 수많은 언론에서 김동식을 소개해줬다. 나는 아무 노력도 하지 않았지만 이미 김동식 작가는 대세가 되어 있었다. 나중에 안 사실이지만 김동식 작가의 가치를 안 김민섭 작가는 자신이 알고 있는 주변 출판인들에게 김동식 작가를 추천했었다고 한다. 그러나 그의 가치를 알아본 사람은 아무도 없었다. 사냥꾼이 될 수 있었던 기회를 놓친 사람들이 의외로 많았던 것이다.

나는 앞에서 저자, 독자, 유통의 3대 환경이 중요하다고 이야기했다. 그중에서도 가장 중요한 것은 저자 환경이다. 저자 환경이 책의 운명을 80% 이상 좌우한다고 생각해왔는데 초연결사회인 지금은 거의 100%라고 해도 무방하다. 그러나 아무리 비중이 작다고 해도 독자나 유통 환경이 중요하지 않은 것은 아니다. 그것은 나중에 이야기하기로 하자.

와시오 겐야는 『편집이란 어떤 일인가』에서 기획 삼각형의 세 꼭짓점은 책의 가치(임팩트), 실현성, 판매부수라고 했다. 아무리 좋은 기획이라도 실현 가능성이 없으면 망상에 불과하고 이익이 발생하지 않으면 출판사는 유지될 수 없다. 책의 가치는 보통 사회적·문화적 가치를 의미하기도 하지만 지금은 사회에 얼마나 임팩트를 부여하는가가 중요하다. 경천동지할 임팩트가 있다면 그 책은 대박이 날 수밖에 없다. 그러니 임팩트가 있는가를 가늠하는 것이 가장 중요하다.

보통 초대박 상품의 저자는 신인인 경우가 많다. 1996년 문이당에서 출간되어 최단기간에 200만 부를 돌파하는 기록을 세운 김정현 장편소설 『아버지』는 췌장암 선고를 받고 죽음을 앞둔 50대의 아버지가 가족에게 헌신하려 하지만, 결국 가족 사이에 화해를 이루지 못한 채 쓸쓸하게 죽음을 맞이하는 내용을 담고 있다. 이 소설은 여러 출판사에서 문전박대를 당했다. 20대 후반과 30대 초반의 젊은 편집자들에게는 50대 중년 남성의 시한부 인생 이야기가 그리 살갑게 다가오지 않았다. 그러나 50대 초반의 문이당 임성규 사장에게는 이 소설이 자신의 이야기나 다름없었다.

이 책이 출간되던 무렵에는 가족 안에서도 개인적인 성취가 더 중요하게 여겨지면서 경쟁적 개인주의가 가족 연대를 희생시키기 시작하고 있었다. 게다가 기업에서는 조기퇴직 신드롬마저 불었다. 그런 아픔을 절감하던 임성규 사장이 한 문학평론가의 조언을 받아 가정과 직장과 사회에서 버림받은 중년 가장의 쓸쓸한 초상을 함축하는 '아버지'라는 명사형 제목을 붙인 것이 주효했다. 원래 작가가 붙인 제목은 '사랑을 위한 사랑'이었다.

김동식 작가는 어떤 임팩트가 있었을까? 지금 시대는 텍스트보다 텍스트를 둘러싼 이야기인 콘텍스트가 더욱 중요하다. 단순한 콘텍스트 수준이 아니라 하이콘텍스트여야 한다. 『데카메론』이전이나 이후나 콘텐츠의 중요성을 몰랐던 사람은 없다. 책이 팔린 이유를 대라면 어느 시대나 콘텐츠가 좋았다는 해석이 뒤따랐다. 그러나 초연결사회에는 텍스트(책)를 둘러싼 다양한 이야기를 만들어내지 못하면 아무리 뛰어난 텍스트라도 독자의 선택을 받기가 어렵다. 김동식 작가는 중학교 1학년 중퇴자이면서 10년 동안 주물공장에서 일한 노동자였다. 그보다 중요한 것은 작가가 호모스마트쿠스를 대표하는 전형적 인물이었다는 사실이었다. 나이가 어릴수록 그런 인물을 닮아가고 싶어 한다. 김동식 작가에게서 그런 임팩트를 정확하게 짚어냈기에 성공할 수 있었다. 초연결사회에서는 더 많은 사람이 공감하고 공유할 수 있는 하이콘텍스트 콘텐츠를 활용한 비즈니스가 콘텐츠 비즈니스의 핵심이 되었다. 책이라고 다를 수는 없다.

06

출판 창업에 성공하려면
세분시장부터 정확하게
설정해야 한다

출판 정신부터 명확하게 설정할 것

출판 창업은 매우 신중해야 한다는 사실을 모르는 이는 없을 것이다. 창업의 목적부터 분명하게 설정해야 한다. 기업은 무조건 이익을 내야 명맥이 이어진다. 그러니 창업을 한 다음 어떤 책을 펴내서 세상에 어떻게 이바지하고 이익도 낼 것인가를 미리 정확하게 설정해두어야 한다. 특히 출판publication은 '퍼블릭'해야만 한다. 이익을 생각하기 이전에 공공적 가치를 중시해야 한다. 그러나 그게 생각처럼 쉽지만은 않다. 창업 이전에 사전 준비를 얼마나 철저하게 하느냐에 따라 출판사의 운명이 달라진다. 건물은 기초를 튼튼하게 만들어야 하지만, 출판은 출판 정신부터 명확하게 설정해야 한다. 그래야 오래도록 살아남을 수 있다.

2006년에 펴낸 『출판 창업』에서 나는 출판 창업을 꿈꾸는 자들이 믿는 법칙 가운데 하나인 '333법칙'을 제시했다. 창업 자금 3억 원으로 3년 안에 30권만 펴내면 안정된 출판사를 꾸릴 수 있다는 법칙. 이 법칙을 믿고 집을 팔아 전세로 옮기면서 출판 창업에 나선 사람이 적지 않다. 그러나 그렇게 해서 창업한 사람 중에 지금도 출판을 하고 있는 사람이 얼마나 될까? 벌써 엄청나게 나가떨어졌을 것이다. 30권이라는 목표를 달성했다 하더라도 출판사가 저절로 굴러가는 것이 아니다. 그야말로 '똑똑한' 한 권이라도 펴냈느냐가 중요하다. 첫 책이 가장 중요하다. 활판 시대에는 얼마나 많은 지형을 보유하느냐에 따라 출판사의 가치를 가늠했다. 하지만 지금은 종수가 많은 출판사의 경우 창고 보관비용 때문에 망하기도 한다.

세상이 너무 빠르게 변하고 있어 미래 예측이 불가능해지고 있다. 코로나19로 말미암아 사실상 미래 예측이 불투명해진 것이다. 이런 세상에 콘텐츠도 기하급수적으로 늘어나고 있다. 자고 나면 홍수처럼 쏟아진 콘텐츠를 목도하는 세상이다. 누구나 쉽게 글을 쓸 수 있는 시대이다 보니 다양한 콘텐츠가 생산된다. 과거 고등학생들이 1년 동안 생산하던 글이 지금은 하루 안에 트위터에서 생산된다. 이제는 누구나 글을 쓴다. 그들은 무엇이든 게걸스럽게 소비한다.

책으로만 한정해도 국내에서만 1년에 8만 종 이상이 생산된다. 휴일을 제외하면 서점에는 하루에 300종이 넘는 신간이 도착한다. 대형서점이 소화하기에도 벅찬 양이다. 신간이 대형서점 신간 코너에 진열되어 있다가 사라지는 것은 3일이면 넉넉하다. 3일은 요구르트의 생명주기와 같다. 책도 '삼일천하'를 살고 저승으로 간다. 너무 많은 책이 태어나자마자 바로 죽음에 이르는 다산다사多産多死의 시대다. 1990년대만 해도 마케팅 수단을 동원해 몇 달을 버틸 수 있었지만, 지금은 초장에 반응이 없으면 곧바로 퇴출당하는 시대다.

하지만 두려워할 필요는 없다. 기획력만 확실하면 된다. 살아남은 자는 승리감도 통쾌하다. 창업 자금이 없다고? 크라우드 펀딩이 있다. 초연결사회이니 도와줄 사람은 널려 있다. 크라우드 펀딩은 출판시장의 주류와 비주류의 경계마저 없애버렸다. 성공확률이 높지 않다고? 모든 분야의 창업이 그렇다. 크라우드 펀딩으로 한번 성공하고 나면 자신감이 충만해질 것이다. 그런 정신으로 힘차게 나아가면 된다.

그렇다고 아무 책이나 펴낼 수 없다. 창업에 성공하려면 장기적인 비전을 정하고 자신이 마음껏 능력을 발휘할 수 있는 세분시장부터 찾아내야 한다. 처음부터 종합선물세트를 만들듯 여러 분야를 넘나들며 마구잡이로 책을 펴내서는 살아남기가 어렵다. 한마디로 임팩트 있는 출판사가 되어야 한다. 백화점 옆에 있는 전문점은 살아남지만 잡화점은 버텨내지 못한다.

그렇다면 세분시장은 어떻게 찾아야 할까? 나는 2016년 9월 9일에 강릉에서 열린 독서대전에 참관하러 갔다가 경포대에서 너울성 파도에 휩쓸려 죽을 뻔했다. 겨우 목숨을 건지고 나니 아찔했다. 어영부영 지내다 보니 빚만 잔뜩 늘어나 있었다. 내가 요구하면 5분 이내에 몇천만 원씩 송금해주던 이들의 얼굴이 떠올랐다. 이대로 살다가는 큰일 날 것 같았다. 게다가 나는 환갑을 앞두고 있었다. 내 인생이 언제 끝날지도 모르니 빚도 갚고 직원들에게 미래를 열어주자고 결심했다. 20대 후반과 30대의 창비 시절, 40대와 50대의 한국출판마케팅연구소 시절에 이어 제3의 인생을 살고 싶었다. 그래서 제2의 창업을 도모했다.

나는 2017년 9월 5일에 마포구청에 직접 가서 '요다'와 '플로베르'라는 브랜드를 등록했다. 이 두 개 출판사를 양 날개로 수익이 나는 책을 만들겠다고 결심했다. 등록하기 전에 출판사 이름을 갖고 몇 달 동안이나 논의했다. 요다는 서브컬처, 플로베르는 스낵컬처 전문 출판사로 키워나가기로 했다. 정통문화는 점차 쇠퇴하고 웹소설이나 웹툰, 게임 등 서브컬처가 주류로 올라서고 있었다. 바야흐로 출판시장은 가벼운 에세이가 주도할 태세였다.

인공지능의 등장 이후 인간은 인공지능과 경쟁해야만 했다. 인류가 한 번도 경험하지 못한 세상이 도래하고 있었다. 박상준 서울 SF아카이브 대표는 〈기획회의〉 461호(2018. 4. 5)에 실린 「SF적 상상력은 왜 중요한가」에서 "인간은 세상에 등장한 이래 두 가지의 공간을 활동 무대로 삼아왔다. 지구와 광활한 우주라는 물리적 공간, 그리고 인간의 사고가 펼쳐지는 형이상학적 공간. 그런데 20세기 들어 '사이버스페이스'라는 새로운 공간이 등장했다. 어떤 자연법칙의 제약도 받지 않고 상상할 수 있는 것은 무엇이든지 구현 가능한 무한한 공간이다. 과학기술이 낳은 이 새로운 공간이야말로 SF적 상상력의 무제한성을 나타내는 상징적 존재다. SF야말로 가없는 우주 속에서 인간의 철학적 탐구를 지속시켜줄 최고의 수단 중 하나"라고 했다. SF를 비롯한 서브컬처는 대세였다.

20세기만 해도 인간은 책에서 지식을 얻고자 했다. 그러나 지금 인간은 궁금한 것이 있을 때마다 검색부터 한다. 지식이야 검색하면 정답이 나온다고 여겨지는 세상이다. 고성장 시대에는 남보다 빨리 지식을 챙기면 앞설 수 있었다. 시험을 잘 봐서 좋은 자리를 차지하면 평생이 보장되었다. 그러나 그렇게 인생을 살아온 사람들이 흔들리고 있다. 의사, 법률가, 언론인 등은 과거에 선망의 대상이었지만 지금은 흔들리는 실체일 뿐이다. 물론 현실 착시는 있다. 그들은 여전히 잘나가는 것처럼 보인다. 그러나 젊은 세대는 아니다. 지금 젊은 세대는 고성장을 한 번도 경험하지 않았다. 그들은 흔들리는 세상을 살아내야만 한다.

살아남는 출판, 출판의 가치에 대해서

기술의 발달은 어김없이 실업을 낳았다. 이른바 '테크놀로지 실업'이다. 동남아로 공장을 이전했던 아디다스는 독일로 되돌아갔다. 아디다스는 스마트팩토리 시스템을 갖추어 50만 켤레의 신발을 10명이 생산한다. 이전에는 600명이 있어야 가능했던 일이다. 스마트팩토리 농업도 그렇다. 씨를 뿌리고 물을 주고 온도를 맞추는 일은 모두 로봇이 한다. 식당이 월 20만 원에 키오스크 한 대를 임대하면 인건비를 대폭 절감할 수 있다. 모든 산업에서 일자리가 줄어드는 추세다. 지금 인간이 하는 일의 절반 이상은 10년 이내에 AI가 대체할 것이다. 무서운 세상이다. 이미 AI가 기사를 쓰고 방송도 하고 진료도 한다. AI는 영화 〈그녀Her〉의 사만다처럼 텔레메트리 기술로 빅 데이터를 분석해 유일한 해답을 스마트폰으로 순식간에 알려줄 것이다. 그런 세상에서 지금의 검찰이나 변호사가 살아남을 수 있을까?

지금 검찰이 온갖 추태를 보여주는 것은 그들에게 미래가 없어서다. 그들이 그러한데 젊은 세대는 어떨까? 한 치 앞을 내다보기가 어렵다. 그들은 살아남기 위한 지혜를 갈구한다. 달리 말하면 지성이다. 지성은 엘리트 지식인이 알려주지 못한다. 좋은 학력으로 좋은 자리를 차지하고 평생 전공의 외길을 걸은 학자들에게는 대체로 이런 지성이 있을 리 없다. 그러니 학자들이 책을 펴내봐야 팔리지 않는다. 지성은 살아낸 자만이 이야기할 수 있다.

살아낸다는 일의 고단함은 젊은이들의 전유물이 아니다. 은퇴자는 물론이거니와 은퇴를 앞둔 사람들도 그렇다. 모든 세대가 고통을 겪고 있다. 당시 일본에서 베스트셀러 저자들의 한 축은 '아라한'이었다. 아라한은 어라운드 헌드레드Around Hundred를 일본식으로 축약한 조어다. 100년 정도 살아낸 연륜이라면 모두를 공감시킬 지혜가 있으리라고 여겼던 것이다. 살아낸 자들의 경험을 담은 가벼운 에세이 또한 대세가 될 것이라 생각했다. 에세이는 가벼운 형태를 취하고 있지만 결코 가볍지 않은, 묵직한 지혜를 듬뿍 안겨줄 것이라 판단했다.

나의 판단은 옳았다. 3년이 지난 지금은 어떤가? 시장에서는 장르문학과 에세이가 대세다. 나는 요다를 시작할 때 친정인 창비와 다투기 싫어 서브컬처를 선택했다고 농담했다. 그리고 창비의 정통(순수)문학은 3년 안에 절반 이하로 폭락할 것이라고도 장담했다. 그러나 그때 이미 창비의 청소년문학이나 아동문학은 서브컬처 일색이었다. 민음사가 황금가지, 문학동네가 엘릭시르라는 임프린트를 소유하고 있는 것도 주목할 필요가 있다.

그들에게 임프린트는 '탄광 속 카나리아'가 아니었을까? 유독가스를 탐지할 측정기가 없던 시절, 광부들은 일산화탄소에 노출되면 바로 목숨을 잃는 카나리아와 함께 탄광에 들어갔다. 카나리아의 노랫소리가 그치는 순간 곧바로 광부들은 탄광을 탈출해야만 했다. 세 출판사는 아동·청소년문학이나 임프린트에서 펴낸 책들의 성과를 통해 미래를 제대로 통찰하고 있었다고 볼 수 있다. 아마도 임프린트라는 카나리아로 시장을 제대로 이해하며 다시 문학시장을 주도하고 있는 것이 아닐까?

요다는 사실상 첫 책으로 『회색 인간』, 『세상에서 가장 약한 요괴』, 『13일의 김남우』 등 김동식의 소설 세 권을 한꺼번에 내놓았다. 이 책들은 2017년 12월 27일에 출간하자마자 폭발적인 반응을 얻었다. 2018년 1월 2일에 바로 2쇄에 들어가야만 했다. 『회색 인간』은 2020년 12월 2일에 30쇄를 발행했다. 이 소설로 인해 요다는 안정적인 성장을 할 수 있었다. 나는 김동식 소설의 텍스트에 주목했다. 정통문학을 읽어온 이들은 이것이 소설이 아니라고 할지 모른다. 그러나 나이가 어릴수록 '그림이 없는 만화'라고도 볼 수 있는 김동식의 소설에 더욱 친밀감을 느낀다. 내가 예상한 바다. 나는 어떻게 그런 예상을 할 수 있었나?

나는 2001년부터 2007년까지 하반기 학기에 중앙대 신문방송대학원에서 '출판콘텐츠기획론'을 강의했다. 2004년부터는 "휴대전화가 책문화를 어떻게 바꿀 것인가?"를 주제로 강의했다. 2004년 4월에 일본의 서점가에서 강의 참고도서를 찾으려 했지만 한 권도 찾지 못했다. 하지만 성과가 없지 않았다. 도쿄국제도서전에서 보이저재팬의 하기노 마사요키 대표를 만났는데 그는 일본이 실질적인 전자책 원년이라며 들떠 있었고, e-페이퍼(전자종이)를 발견했다고 했다. 형광등 불빛에도 반짝거리지 않는 휴대전화였다. 그때 나는 일본의 출판인들을 만나 그에 대한 의견을 물었다. 긍정과 부정의 의견이 갈렸지만 미래를 가늠해볼 좋은 기회였다. 그때 스기우라 선생은 보이저재팬의 부스에서 "책의 시공時空을 보다"라는 제목의 강연을 하셨다. 선생님은 자신이 디자인한 책을 보여주셨는데 나는 무척 감동을 받았었다. 지금 그 책들의 도판은『스기우라 고헤이 잡지디자인 반세기』와『스기우라 고헤이 북디자인 반세기』에서 볼 수 있다.

나는 전시장에서 종이의 두 모습을 볼 수 있었다. 먼저 전자종이. 소니가 개발한 전용 단말기는 해상도가 훨씬 개선됐고 무게도 아주 가벼웠다. 또 액정화면이 아니어서 건전지 사용량도 획기적으로 줄었다. 독자가 이 전용 단말기를 구입하고 월 회비 200엔만 지불하면 이 회사가 제공하는 콘텐츠를 자유자재로 볼 수 있는 비즈니스를 도모했다. CD에 담긴 내용은 가로세로로 바꾸거나 크기를 확대하며 자유롭게 볼 수 있었다. 포맷, 뷰어, 저작권 보호 등 전자책이 발전하기 위한 기본기술도 과거에 비해 획기적으로 개선되었다. 그 당시 전자사전의 연 매출은 이미 종이사전의 매출액을 넘어섰다. 젊은 세대는 휴대전화나 PDA 단말기로 소설을 읽는 데 위화감을 느끼지 않았다.

스기우라 고헤이 선생은 강의에서 종이가 지닌 무한한 가능성을 보여줬다. 그는 책의 원형인 종이를 30번 접으면 그 거리가 38만 5,000km가 되어 달까지의 거리와 같으며, 53번 접으면 1억

5,000만km인데 이것이 태양까지 이르는 거리라는 통계를 보여줌으로써 간접적으로 종이의 추상적인 기능성 개념이라기보다 광대한 공간(거리)이 한 권의 책 속에 담겨 있다는 말을 먼저 제시했다. 선생은 실물 도서를 보여주면서 종이라는 매체의 물성적인 특성을 얼마나 극대화할 수 있는가를 증명했다. 한자의 타이포나 책의 두께를 이용한 디자인, 조금씩 차이가 나는 이미지의 반복적인 사용을 통해 책의 움직임성을 강조한 디자인, 만다라의 아름다움을 순차적으로 확대해서 보여주며 대립하는 것은 하나가 된다는 강렬한 메시지를 보여준 디자인, 검은색과 흰색을 음양적 차원으로까지 승화시켜 책을 오른쪽으로 뒤틀면 성좌가 나오고 왼쪽으로 뒤틀면 안드로메다가 나오게 한 디자인 등은 바라보던 나의 눈을 현란하게 채웠다.

그날 강의를 통해 스기우라 선생이 보여준 것은 정보의 추상성을 넘어 정보의 물성적 차원과 종이책이 가진 입체적인 아름다움을 가시화하는 구체적인 모습이었다. 책의 촉각적 존재감을 키움으로써 종이책의 가능성을 높이는 것은 디지털 기술이 아무리 발달하더라도 이룰 수 없는, 인간의 '손'만이 해낼 수 있는 일이면서 종이책의 새로운 경지라는 것을 다시 확인할 수 있었다.

미래에 도착한 책이 베스트셀러가 되기까지

2004년 2학기의 강의는 검색이라는 읽기, 손으로 누르며 쓰는 행위, 휴대전화라는 인터페이스가 책 문화를 어떻게 바꿀 것인가를 중심으로 전개됐다. 그해 연말에는 수학능력시험을 보던 학생들이 휴대전화를 이용하여 커닝을 하다가 적발되기도 했고, 드라마 〈마지막 춤은 나와 함께〉에는 휴대전화로 동영상을 찍어 애인에게 보내줬다가 옆에 있는 여자의 목소리도 함께 들어가는 바람에 싸우게 되는 모습이 나오기도 했다. 나는 2005년 7월 29일 〈중앙일보〉에 강의를 요약한 칼럼 「[깊이보기: 인터넷 시대…책의 운명은?] '검색하듯' 읽히는 책이 미래의 베스트셀러」를 발표했다. 그것을 발췌 요약하면 다음과 같다.•

(전략) 원래 컴퓨터는 정보생산의 도구였다. 그러나 인터넷이 등장하자 인간의 욕망은 진화했다. 지금까지 인간이 책이라는 형태로 축적해온 모든 자산을 보다 풍부한 방식으로 컴퓨터로 이월한 다음, 컴퓨터 화면에서 자유자재로 그 많은 용량의 정보를 쉽게 소비하고자 한 것이다. 사실 이것은 인간의 기억능력이나 독서습관에 대한 커다란 도전이었다.

하지만 이런 욕망은 적어도 지금까지는 성공보다는 좌절이 컸

• https://news.joins.com/article/1646515

다. 영화, 음악, 사진, 게임 등은 모두 컴퓨터가 소비의 도구 또는 생산과 소비를 위한 도구로 작동했지만 유일하게 책만은 그렇게 되지 못하고 혼자 나동그라졌다. 마이크로소프트가 원대한 꿈을 실현하기 위해 2001년에 출시한 'MS리더'를 비롯해 모든 독서 단말기는 수익을 내는 데 실패했다. 지금 남아 있는 거의 유일한 희망은 인간이 휴대전화를 통해서 책을 읽을 수 있게 될지도 모른다는 기대다.

아직 불편한 부분이 있음에도 불구하고 휴대폰으로 전자책을 다운받아 읽는 사람이 늘어나고 있다. 그뿐만 아니라 언제 어디서나 휴대전화로 사진을 찍고 그때마다 감상을 바로 적어 자신의 블로그에 보내 1인 미디어를 운영한다. 그리고 그런 곳에서 인기를 끈 글들은 어김없이 책으로 생산되고 있다. 언제 어디서나 찍고 기록하고 읽는 유비쿼터스형 글쓰기와 읽기가 작동하고 있는 것이다. 그래서 모든 정보를 생산하고 소비하는 일이 휴대전화로 가능할지도 모른다는 성급한 기대마저 없지 않다. (중략) 하지만 이 과정에서 인간이 정보를 소비하는 행태는 책의 자존심을 많이 건드려놓았다. 수많은 책이 이미 책의 형태가 되지도 못하고 유동적인 형태로 인터넷 공간으로 자리를 옮겨갔다. 백과사전을 비롯한 사전이 대표적이다. 종이책 사전은 갈수록 전자사전에 밀려나고 있다. 그런 유형의 '책'은 컴퓨터상의 검색과 비슷해서 구태여 종이책으로 탄생하지 않아도 그만이라는 인식이 우세하게 되었다.

검색은 '브라우즈browse'에서 출발했다. 이 단어의 원래 의미는 '집어먹다', 즉 가축 등이 먹이를 쪼아 먹는다는 뜻이다. 먹이를 쪼아 먹듯이 그렇게 건너뛰며 읽는 것이 과연 올바른 독서행위인지에 대해서는 아직 논란이 많다. 하지만 인간이 살아남기 위해서 불가피하게 선택할 수밖에 없는 행위인 것만은 분명하다. 대중은 눈만 뜨면 인터넷으로 들어가 수많은 정보를 검색하는 중독자가 되어 있다.

이런 습관이 일반화되자 책의 입장에서도 '책이 책으로 존재하기 위해서는 무엇이 필요한가'라는 근본적인 질문을 던지기 시작했다. 그러면서 책은 변화하기 시작했다. 그것은 살아남기 위한 '처절한' 몸부림일지 모른다. 어쨌든 지금 현장에서 인간의 선택을 받는 책이 다분히 인간의 검색 습관을 의식해 만들어진 책이라는 건 명백한 사실이다.

먼저 인간의 검색 습관은 책의 세계에서 '분할'과 '통합'이 동시에 진행되게 만들었다. 분할이란 한 권의 책이 다루고 있는 범위가 갈수록 쪼개지고 있다는 것을 의미한다. 백과사전이 '분책백과'로 바뀌는 것이 대표적이다. 분책백과는 한 권의 책으로 하나의 항목을 설명하는데 한꺼번에 주어지는 것이 아니라 주간지 형태로 한 권씩 제공된다. 실용서를 필두로 해서 수많은 책이 이와 같은 형태로 바뀌고 있다. 원래 '원론'이나 '개론'에 있던 차례가 모두 한 권의 책으로 거듭나게 되는 것이다. 대화, 협상, 설득, 유혹, 화, 칭찬, 메모 등 원 키워드(테마)를 다룬 책들이 베스트셀러 행진을 거듭하고 있다.

그러나 잘게 쪼개진 키워드를 설명하는 것은 통합적이어야 한다. 토마스 L. 프리드먼은 『렉서스와 올리브나무』에서 정보의 '중개'라는 말을 했다. 정치, 문화, 기술, 금융, 국가안보 그리고 환경 등의 전통적인 구분선이 급속하게 무너지고, 어느 한 분야에서 발생한 사안마저 그 분야의 변수로만은 설명할 수 없게 된 이상 다양한 시각에서 얻은 정보를 중개하고 이 모든 것을 '하나의 스토리'로 엮어낸 책이어야 독자의 선택을 받을 수 있다는 것이다.

댄 브라운의 『다빈치 코드』 같은 팩션(팩트+픽션)의 유행도 이런 흐름과 맥이 닿아 있다. 팩션의 살인사건은 일종의 '키워드'다. 그 키워드를 해결하는 열쇠는 소설에 제시되는 수많은 지식이다. 독자는 소설을 읽으며 '인류가 생산해놓은 모든 지식'을 동원해 사건을 해결해나간다. 이때 지식이란 단서가 강요하는 것은 물론 상상이다. 이것은 인터넷에서 사람들이 검색을 통해 수많은 정보를 '읽어가며' 자기만의 상상력으로 세상을 이겨낼 화두를 상상하는 것과 닮았다.

객관적 명제가 아닌 주관적 맥락 잡기를 하고 있는 '요다'형 베스트셀러가 유행하는 것도 같은 맥락이다. 요다는 영화 '스타워즈'에 등장하는 외계인으로 초능력과 예지력으로 사람을 가르치고 인도하는 존재이다. 『이윤기의 그리스 로마신화』, 신영복의 『강의』,

고미숙의『열하일기, 웃음과 역설의 유쾌한 시공간』, 정민의『미쳐야 미친다』등 화제의 인문 베스트셀러는 신화, 고전, 역사 등을 다루되 인류의 보편적 지식을 있는 그대로 전달하지 않는다. 자기만의 프리즘으로 '제멋대로' 읽은 것이다. 이 책의 저자들은 독자의 역할을 대신 수행해 제시하는 셈이다.

하지만 무엇보다 책은 자기 자존심을 지키기 위해 '신체성', 또는 '물질성'을 키워가고 있다. 이제 책은 더 이상 미디어의 제왕이라는 오만함에 사로잡혀 있지 않으면서 디지털 콘텐츠와 경쟁하는 것도 일정 부문 포기하는 동시에 새로운 책의 세계, 즉 책의 촉각적 존재감을 회복하는 것이다. 북디자이너 정병규에 따르면 그것은 정보의 '맛'이다.

나는 〈중앙일보〉에는 지면의 한계 때문에 '쓰기'에 대해서는 언급하지는 못했다. 하지만 다른 글에서는 '쓰기'에 대해 다음과 같이 언급했다.

이미 거의 모든 텍스트는 '본 디지털born-digital'로 생산되고 있다. 도쿄전기대학 출판국장 우에무라 야시오는 '20년 후의 출판을 어떻게 정의할 것인가'란 제목의 인터뷰(『전자서적과 출판』, 포트출판사)에서 "흔히 '본 디지털'이라고 하면 멀티미디어를 연상하지만 지금까지 '본 디지털'로 생산해 가장 성공한 사례가 휴대전화 소설"이라고 말했다. 그는 "휴대전화 소설은 '뺄셈'이다. 표현도 줄이고, 그림도 빼고, 글자 수도 줄여서 멋지게 '본 디지털'로 성공했다"고 보았다. 자판을 두드리기보다 엄지손가락으로 액정화면을 누르며 글을 쓰다 보면 되도록 생략하고, 임팩트가 강한 단어를 선택하기 마련이다. 그래서 구어체가 범람한다. 지금 베스트셀러는 생동감, 상황적응성, 주관적 표현이 갖는 친근감, 대면성 등을 장점으로 하는 구어체 문장이 대부분이다.

김동식의 소설이 바로 그랬다. 김동식 작가는 2010년에 스마트폰을 손에 쥐면서 인생이 달라지기 시작했다. 그는 '오늘의 유머'에서 공포·괴기 소설을 읽다가 직접 쓰고 싶어졌다. 평생 글쓰기를 배워본 일이 없는 김동식 작가는 네이버 검색을 통해 '소설 쓰는 법'을 배웠다. 첫 글을 써서 올렸지만 반응이 신통찮았다. 그래서 '베스트 오브 베스트'에 오른 글들을 분석했다. 분석한 글들에는 세 가지 특성이 있었다. 글이 무조건 짧아야 하고, 첫 문장에서 사건이 바로 시작되어야 하며, 남들이 생각하지 못하는 반전이 있어야 했다. 이들 특성을 반영해 쓴 두 번째 작품 「푸르스마, 푸르스마나스」에는 엄청나게 많은 댓글이 달렸고 바로 베스트에 올랐다. 용기를 얻은 김동식은 16개월 동안 300편의 작품을 발표했다. 700만 부가 팔린 『왕 게임』으로 스타가 된 가나자와 노부아키도 탄생 과정은 김동식 작가와 쌍둥이처럼 닮았다. 이 소설을 쓰기 전에는 거의 소설을 읽은 적도 없는 초보 작가였다. 작품을 인터넷에 올리자 엄청난 반향이 있었고, '업로드하자마자 5분 만에 온다'는 독자의 감상과 의견을 밑바탕 삼아서 집필하는 법을 익혔다고 한다. 그는 설정의 모순점에 대한 지적이 들어오면 연재를 거슬러 올라가며 수정했다.

김동식과 가나자와는 웹 플랫폼이 탄생시킨 새로운 유형의 작가 또는 인간형이다. 김동식 작가는 독자들이 자신의 글쓰기 스승이라고 이야기한다. 글을 올리면 독자들은 즉각 반응을 보였다. 독자들이 맞춤법이나 개연성 등에 대해 이의를 제기하면 정중하게 받아들였고, 무수한 웹 콘텐츠를 읽었다(유명한 만화. 영화, 드라마 등은 보지 않은 것을 고르는 편이 좋을 것이다).

일본에서는 2010년 10월 말을 기준으로 휴대전화 소설이 120만 종이나 이미 생산되어 있었다. 일본의 서점에서 자유롭게 구입할 수 있는 종이책이 60만 종이었으니, 디지털로 가볍게 읽을 수 있는 텍스트의 비중이 대단하다는 것을 알 수 있는 대목이다. 한국은 어떨까? 웹소설과 웹툰은 대세가 되었다. 얼마나 생산되어 있는지 알 수 있는 구체적인 통계를 내기도 어려울 정도다. 어쨌든 앞서 말한 웹 콘텐츠 문화에 익숙한 사람들을 유혹할 수 있는 텍스트란 무엇일까? 나는 '하이콘텍스트'가 되어야 한다고 했다(이것에 대해서는 다음 글에서 자세히 다루겠다).

지금 미디어 시장에서는 천지개벽이 벌어지고 있다. 올드 미디어 중 잡지는 모두 망해가고 있다(광고가 붙지 않으니 전문지마저 살아남기 어렵다). 수년 전부터 적자에 허덕이는 공중파 방송은 유튜브 시장에서 각축전을 벌이고 있다. 『유튜브 트렌드 2020』(김경달·씨로켓리서치랩 지음, 이은북)에 따르면 "KBS는 현재 107개 채널에 수익은 100억 원대를 훌쩍 넘을 것으로 예상되며, 2019년에 100억 원의 수익을 넘은 MBC는 총 38개의 채널을 운영 중"이라고 한다. 일간신문은 망해가지만 유능한 기자는 유튜브로 새로운 세상을 열어가고 있다. 검색도 유튜브에서 주로 하는 세상이 되었다. 미디어나 콘텐츠 기업에서는 직원을 뽑기 어렵지만 아르바이트생을 구하면 사람이 넘쳐난다. 직장을 구하지 않고 생활비를 벌면서 유튜브에서 창의력을 발휘할 의지를 불태우는 사람들이 넘쳐나고 있기 때문이다. 어떤 일간신문은 직원들의 개인 책상을 치우고 긴 테이블만 놓아두겠다고 한 모양이다. 집이나 회사, 취재처 등 장소가 어디든지 독자를 유혹할 콘텐츠만 생산하면 된다는 세상, 스마트폰 하나로 모든 것이 해결되는 이 세상에서 우리는 어떤 책을 펴내야 할까? 정답은 하이콘텍스트에 있다.

07

하이콘텍스트의 시대, 콘텐츠 비즈니스의 핵심을 찾다

홍보와 판매, 편집은 다른 노선이 아니다

책이 출간됐다. 온라인서점에서 독자들이 구매인증 릴레이 게임을 벌이기 시작했다. 며칠 만에 초판이 매진됐다. 김동식 작가의 『회색 인간』 등 세 권의 소설집이 출간됐을 때 벌어진 일이다. 광고는 커녕 기사 한 줄의 사전 홍보도 없었다. 아무런 마케팅이 없었음에도 이런 일이 벌어졌다. 일주일 만에 3쇄에 들어갔고 이후에 언론은 '김동식 현상'에 대해 열렬히 보도하기 시작했다. 김동식 작가는 2018년 이후 전업으로 소설만 쓰는 작가가 되었다.

　많은 편집자가 책을 만들 때는 너무 행복하다고 말한다. 그러나 판매에는 도저히 자신이 없다고 말한다. 그래서 경험자들도 창업을 주저한다. 반드시 출판 창업을 할 필요는 없다. 창업을 하지 않더라도 편집자로 행복한 삶을 얼마든지 구가할 수 있다. 단 앞으로는 책의 판매에 능력을 발휘하지 않으면 출판 현장에서 빠르게 퇴출당할 수밖에 없다.

여러 번 이야기했지만 책의 수명이 너무 짧아지고 있다. 베스트셀러가 되지 않으면 스테디셀러가 되지도 못하고 빠르게 시장에서 도태된다. 오프라인서점은 초장에 반응이 없는 책은 바로 반품한다. 전에는 그래도 책이 U자로 반품이 왔는데 지금은 가자마자 온다고 해서 I자로 반품이 온다고 말한다. 온라인서점은 다를까? '롱테일 법칙'이라는 것이 있다. 80%의 '사소한 다수'가 20%의 '핵심 소수'보다 뛰어난 가치를 창출한다는 이론이다. 이 개념은 2004년 10월에 미국의 인터넷 비즈니스 관련 잡지 〈와이어드Wired〉의 편집장이었던 크리스 앤더슨이 처음 사용하였다.

그가 예로 든 것이 하필이면 온라인서점 아마존닷컴이다. 아마존닷컴의 전체 수익 가운데 절반 이상은 오프라인서점에서는 서가에 비치하지도 않는 비주류 단행본이나 희귀본 등 이른바 '팔리지 않는 책'들에 의하여 축적된다고 주장했다. 그는 어떤 기업이나 상점이 판매하는 상품을 많이 팔리는 순서대로 가로축에 늘어놓고, 각각의 판매량을 세로축에 표시하여 선으로 연결하면 많이 팔리는 상품들을 연결한 선은 급경사를 이루며 짧게 이어지지만 적게 팔리는 상품들을 연결한 선은 마치 공룡의 '긴 꼬리long tail'처럼 낮지만 길게 이어지는데, 이 꼬리 부분에 해당하는 상품들의 총판매량이 많이 팔리는 인기 상품의 총판매량을 압도한다는 것이다.

과연 그럴까? 출판사는 크게 팔리는 책이 없으면 바로 망한다. 독자가 주문하지 않으면 한국의 온라인서점은 주문을 하지 않는다. 3일 만에 책을 보내준다고 하면 대체로 독자는 주문을 주저한다. 그런 상태가 길게 지속되면 판매지수도 떨어지고 독자들은 구매를 거의 포기한다. 그리하여 죽어가는 책들이 부지기수다. 한두 부라도 꾸준히 주문이 오는 책이 많다면 롱테일 법칙이 작동하겠지만 그렇게 되기가 쉽지 않다. 크리스 앤더슨에게 묻고 싶다. 당신은 지금도 이 법칙이 통한다고 생각하느냐고 말이다.

출간되자마자 독자의 폭발적인 반응을 즉각 끌어낼 수 있는 책을 만들어내면 신생 1인출판사라도 순식간에 유망한 출판사가 될수 있다. 그런 출판사가 되려면 김동식 작가의 소설처럼 저절로 입소문이 널리 퍼져가는 책을 내야 한다. 요다는 신생출판사였다. 『81년생 마리오』가 김동식 작가의 책보다 하루라도 먼저 나오긴 했지만 거의 동시에 출간됐다. 그 바람에 요다는 2017년 12월에 첫 책을 펴낸 이래 불과 3년 만에 전도가 유망한 출판사가 될 수 있었다.

출판사가 주목받지 못하는 책만 줄줄이 펴내면? 버티기 어렵다. 자금이 많으면 길게 버텨볼 수 있겠지만 그런 출판사는 정말 찾아보기 어려운 세상이 됐다. 지금은 출판 환경이 크게 바뀌고 있다. 스마트한 세상이 되면서 인간은 누구나 스마트폰으로 일상적으로 무수한 글을 쓰고, 검색하면서 읽고, 기하급수로 늘어나는 정보 더미에서 나에게 필요한 것들을 골라서 따로 모으고, 자기가 좋아하는 소셜 미디어에서 자신의 글들을 모아 어떤 형태를 갖춘 책을 만들어 타인이 읽게 만들곤 한다. 물론 타인의 소셜 미디어에서도 많은 글을 읽는다. 책을 구매하는 사람들은 모두가 이런 일을 날마다 하고 있다고 보아야 한다.

이렇게 만들어지는 책은 과거의 책과는 원천적으로 다르다. 블로그나 브런치, 페이스북, 카카오페이지, 트위터, 인스타그램 등에 올라온 글을 누구나 스마트폰으로 볼 수 있다. 그것은 이미 그 자체로 출판이라는 행위가 이뤄진 것으로 볼 수 있다. 출판 편집자 출신이면서 미디어학자인 하세가와 하지메는 이런 형태의 출판을 기존의 '출판Publishing'과 구별하기 위해 '퍼블리킹PUBLICing'으로 부르자고 제안한 바 있다. 퍼블리싱은 '선여과 후출판'이었다. 발행인이나 편집자가 책으로 탄생할 가치가 있는 원고를 먼저 여과한 다음에 책으로 펴냈다. 퍼블리킹은 반대다. 웹에 먼저 오른(출판된) 것을 편집자가 여과해서 책으로 펴낸다. 출판 시스템이 '선출판 후여과'로 정반대로 바뀌었다.

물론 지금 두 시스템은 공존하고 있다. 편집자들은 일간지 기자가 취재 현장을 발로 누비기보다 '진중권' 같은 취재원의 페이스북

만을 들여다보다가 '따옴표' 기사를 쓰는 것과 같은 한심한 수준까지는 아니지만, 소셜 미디어에서 여행(서핑)하면서 책이 될 만한 원고를 쓰는 저자를 열심히 찾고 있다. 수많은 편집자가 인스타그램에서 1만 명 이상의 팬을 확보한 사람들을 열렬히 찾고 있다. 자신도 그런 사람이 되려고 노력하는 편집자도 점점 늘어나고 있다.

우리는 스마트폰과 스마트패드, 스마트TV 등 스마트기기를 일상적으로 이용하는 새로운 인간형을 '호모스마트쿠스'라고 부른다. 원래 읽기와 쓰기는 연동되어 있었지만 18세기에 이르러 소수의 '쓰기'와 대량복제에 의한 다수의 '읽기'로 바뀌었다. 산업혁명에 따른 문화 르네상스가 진행되면서 신문이나 잡지 등이 급속하게 늘어났다. 산업화가 진전되면서 도시로 모여든 이들 중에서 학구열이 높은 이들은 날마다 갱신되는 대량의 텍스트를 그 자리에서 소비하고 다시 돌아보지 않는 대중 저널리즘의 독자가 되었다. 19세기에는 과거에 교양계층이 아니었던 사람들, 즉 여성, 노동자, 어린아이가 새롭게 독자층으로 유입되었다.

지금은 근대 이전에는 마땅히 책을 읽던 '리딩 퍼블릭Reading Public', 구체적으로는 신문·잡지·단행본 필자, 대학교수, 도회지로 모인 학생, 시골 선생, 성직자, 시민운동가 등이 책을 읽지 않게 되었다. 19세기에 새로 등장한 독자층인 여성, 노동자, 어린아이가 주로 책을 보는 세상이 되었다. 이제 편집자는 스마트기기의 재생장치를 이용해 텍스트(물질성) 혁명의 시대에 자신들이 필요한 정보를 언제 어디서나 자유롭게 소비하는 독자들을 만족시키는 도서를 내놓을 줄 알아야만 목숨을 부지할 수 있게 되었다.

스마트기기는 독자와 콘텐츠 제공자의 새로운 관계성을 만드는 결정적인 열쇠가 되고 있다. 이때 편집자는 독자에게 통하는 콘텐츠가 무엇인지를 제대로 파악해 즉각 제공할 수 있어야 한다. 이런 시대에 편집자는 달라져야만 했다. 나는 〈기획회의〉 15주년 기념 별책단행본으로 2014년 3월에 출간한 『한국의 출판기획자』의 머리말에서 출판 편집자는 '퍼블리터publitor'(퍼블리셔+에디터)가 되어야 한다고 주장했다. 판매나 홍보를 생각하는 출판사 대표이면서 편집의 달인인 편집자의 능력을 함께 갖추어야 한다고 말이다.

제이슨 엡스타인은 2001년에 펴낸 『북 비즈니스』에서 "출판사는 디지털 기술로 말미암아 이전과 같은 가내공업의 장인과 같은 업무로 회귀할 수 있게 될 것이며, 미래의 책은 대형출판사에 의해 만들어지는 것이 아니라 편집자 또는 출판인으로 구성된 소규모 팀에 의해 만들어지게 될 것이기 때문에 우리들은 현재, 출판의 새로운 황금기의 입구에 서 있다"고 주장했는데 실제로 그런 세상이 되었다. 지금 출판은 소규모 팀이 아니라 1인 사업체여야 유리하다고 볼 수 있을 정도이다. 대형출판사는 그런 편집자의 연합체가 되어야만 경쟁력이 있다.

퍼블리터가 찾아야 할 텍스트

퍼블리터는 어떤 텍스트를 찾아야 할까? 독자는 텍스트를 읽을 때 나와의 관계성부터 생각한다. 자신의 욕망이나 관심에 부응하지 않으면 아무런 관심도 보이지 않는다. 그러나 욕망에 맞는 텍스트를 접하면 즉각 구매할 뿐만 아니라 적극적으로 소개도 한다. 소비자를 넘어 적극적인 전파자가 된다. 입소문의 진원지가 되어준다. 입소문을 내주는 이들이 많은 책일수록 판매부수는 크게 늘어난다. 편집자들은 텍스트가 좋아야 책이 팔린다고 말한다. 그걸 모르는 이는 없을 것이다. 김동식 작가는 소설은 글이 짧아야 하고, 첫 문장에서 사건이 바로 시작되어야 하며, 남들이 생각하지 못하는 반전이 있어야 한다고 말했다. 그게 온라인에 익숙한 독자의 정서다. 나는 2012년에 펴낸 졸저 『새로운 책의 시대』 머리말 「사라지는 책과 살아남는 책」에서 전자텍스트는 시간성, 장소성, 신체성이 중요하다고 말했다.

먼저 시간성. 인간이 액정화면을 통해 정보를 제대로 소화해내려면 시간적 제약이 따른다. 따라서 전자텍스트는 10분 이내, 적어도 30분 이내의 짧은 시간에 소화할 수 있어야 한다. 압축한 정보로 완결성을 갖는 작은 이야기를 연결해 전체적으로는 큰 이야기가 되는 책이어야 할 것이다. 〈개그콘서트〉의 구성을 닮은 책이되 하나의 실로 꿸 수 있는 이야기면 좋을 것이다.

둘째 장소성. 종이책에서는 '글맛'이 좋아야 한다. 그러나 전자공간에서는 이미지가 더욱 중요하다. 따라서 문주화종文主畵從이 아니라 화주문종畵主文從이 되어야 한다. 형식이 좋아야 내용도 힘을 발한다. 준비된 이미지가 없다면 디지털 기술을 이용한 다큐멘터리 일러스트레이션으로 이미지를 얼마든지 만들어낼 수 있어야 한다.

셋째 신체성. 전자공간에서 통하는 콘텐츠는 어떤 장르일까? 인간의 머리(뇌)를 움직이는 이성적인 글보다 몸과 마음을 움직이는 감성적인 글이어야 할 것이다. 종이책은 수없이 반복해서 읽어도 그때마다 새로운 의미를 깨칠 수 있는 책이 시공을 뛰어넘어 살아남았지만 전자공간의 콘텐츠는 임팩트가 강한 이미지가 선도하고, 부담 없이 '바라볼 수 있는' 글쓰기가 따라온, 하지만 한순간에 '바로 이것'이라는 '느낌'이 오는 디자인이 이뤄진 콘텐츠여야 할 것이다.

나는 2005년 무렵부터 팔리는 외서를 고르는 세 가지 기준도 이야기했다. 이 기준은 내가 한 출판사 대표에게서 들은 이야기다. 밀리언셀러도 기획한 바 있는 한 편집자가 출판사를 창업한 뒤 세평도 좋으면서 잘 팔리는 번역서를 연속해서 펴냈다. 나는 그에게 열 가지는 무리고 적어도 외서를 고르는 세 가지 기준만 알려달라고 했다. 그는 하나의 주제(원 테마, 원 키워드)에 대해 처음부터 끝까지 힘 있게 밀고 나간 책, 풍부한 사례를 제시하면서 스토리텔링이 확실한 책, 권위가 있는 책이라고 대답해주었다.

사실 2000년대 중반 이후 베스트셀러에 오른 책은 대부분 그런 책들이다. 인터넷의 등장 이후 '검색'에서 촉발된 읽기의 비중은 매우 높아졌다. 이러한 검색 습관으로 말미암아 원 테마(키워드)의 도서가 각광을 받는다는 이야기는 앞에서 했다. 그렇다고 원 테마를 기계적으로 쉽게 설명하거나 교과서적 교양만을 나열해서는 안 된다. 안방에서 저자와 천천히 대화하는 듯한 즐거움을 느낄 수 있게 처음부터 끝까지 힘 있게 전개해야 한다.

풍부한 사례는 사실적 상상력인 팩트fact이다. 스토리텔링은 허구적 이야기인 픽션fiction이다. 팩트는 '이론'이 아니라 구체적인 '사람'과 '사물'과 '사건'에서 촉발한 것이어야 한다. 노이즈noise에 불과한 사소한 이야기로부터 출발하되 이야기성이 풍부한 글쓰기를 통해 대중이 원하는 바를 제공할 수 있어야 한다. 이것은 흔히 말하는 팩션faction이다. 댄 브라운의 『다빈치 코드』 같은 팩션형 소설이 대단한 인기를 끌기도 했지만 팩션형 글쓰기는 이미 큰 흐름을 이루고 있다.

이때 노이즈는 단순한 하나의 사례만을 일컫는 것은 아니다. 빅데이터의 시대에 단순한 데이터는 아무런 의미가 없다. 여러 데이터를 비교해서 차이가 드러나면 정보가 된다. 차이가 바로 상상력이다. 정보를 분석해서 인텔리전스, 즉 전략 정보를 찾아내야 한다.

대중은 세중細衆(혹은 분중分衆)의 단계를 거쳐 개중個衆이 되었다. 개중은 폭발적으로 증가하는 정보의 자유로운 취사선택을 통해 자신에게 필요한 지혜를 스스로 찾아낼 뿐만 아니라 이를 다시 정보 네트워크를 통해 발산한다. 클라우드 소싱을 보라! 개중은 대중에게서 자금뿐만 아니라 생존에 절대적으로 필요한 기획의 아이디어까지 제공받는다. 다양한 팩트에 내재되어 있는 차이의 힘이 무한한 상상력을 도출한다. 그러니 하나의 주제는 임팩트가 강해야만 큰 호응을 얻는다.

텍스트의 중요성은 아무리 강조해도 부족함이 없다. 텍스트가 가치를 인정받으려면 콘텍스트가 중요하다. 텍스트를 둘러싼 이야기를 말하는 콘텍스트는 맥락이라고 번역되기도 한다. 그러니까 하이콘텍스트는 고맥락이다. 하이콘텍스트는 독자의 관심을 즉각적으로 이끌어낸다. 독자가 오로지 나를 위해서 쓰인 텍스트라고 여길 수 있는 텍스트가 바로 하이콘텍스트다.

나는 2017년에 펴낸 졸저 『하이콘텍스트 시대의 책과 인간』에서 "오늘날 출판에서 가장 중요한 화두는 좋은 원고를 '발견'만 해서는 곤란하고 새로운 책을 '발명'해야 한다"고 말했다. 독자는 늘 새로운 것을 갈구한다. 조금 익숙하다 싶으면 독자는 외면한다. 아무리 좋은 내용이라 할지라도 한번 접했던 것이라면 바로 식상하다고 생각해서 접근 자체를 기피한다. 텍스트가 달라져야 하고, 새로운 장르를 만들 줄 알아야 한다. 그러니 텍스트가 독자와의 관계성을 만들어내는 하이콘텍스트여야 한다.

『하이콘텍스트 시대의 책과 인간』을 준비하고 있는 동안에 작가 한강은 『채식주의자』로 맨부커상 인터내셔널을 수상했다. 이 상을 수상한다는 소식(콘텍스트)이 알려지면서 『채식주의자』는 엄청나게 팔려나가기 시작했다. 2016년 5월 17일에 23세의 한 여성이 서울 강남역 10번 출구 인근의 남녀 공용 화장실에서 흉기에 찔려 살해당했다. 이후 10번 출구에는 이를 추모하는 포스트잇이 무수히 붙었다. 10번 출구는 "한국사회의 여성 혐오에 대한 문제의식을 표출하는 상징적인 공간"으로 거듭났다. 하지만 이 살인이 우발적인 '묻지 마 폭력'이냐, 아니면 '여성 혐오 살인사건'이냐 하는 논쟁이 거세게 일다가 한 성우가 메갈리아라는 여성주의 커뮤니티에서 구입한 2만 원짜리 티셔츠 사진을 SNS에 올린 것이 계기가 되어 사태는 걷잡을 수 없이 번져갔다. 그때까지만 해도 '여성 혐오'는 한국 사회에서 낯선 말이었지만 이후 '맨스플레인'과 함께 2016년을 상징하는 단어가 되었다.

사태가 이렇게 발전하자 페미니즘 서적이 되살아나기 시작했다. 이 사건을 계기로 여성들이 차별과 폭력에 눈뜨기 시작했고, 그해 출간된 『82년생 김지영』(조남주, 민음사)은 굵직굵직한 젠더 이슈가 터질 때마다 판매부수가 폭발적으로 증가하면서 2010년대 최고의 소설로 등극했다. 이후에도 페미니즘을 다룬 새로운 책의 출간이 많이 늘어났다. 심지어 죽어 있던 페미니즘 서적들까지 모두 되살아나면서 서점에는 페미니즘 서적들이 폭증했다. 서점은 이들 서적으로 도배되기 시작했다. 책 좀 팔아보자고 상을 조작하거나 살인을 할 수 없는 일이지만 우리는 어떻게든 책을 둘러싼 풍성한 이야기를 만들 줄 알아야 한다.

되도록 많은 사람이 공감하고 공유할 수 있어야 한다

나는 『하이콘텍스트 시대의 책과 인간』에서 "상업적으로 성공하려면 하이콘텍스트부터 이해할 필요가 있다. 실제로 요즘 모든 미디어는 하이콘텍스트를 적극적으로 활용하고 있다. 모두가 생산자이자 소비자이기에 서로 깊이 연결되어 있기 때문이다. 특히 시청률을 의식하는 텔레비전이 이런 흐름을 주도한다. 그들은 시청자가 '유혹의 그물망'을 빠져나가지 못하도록 하이콘텍스트 방식을 적극적으로 이용한다"면서 다음과 같이 썼다.

스토리를 파는 드라마는 강력한 캐릭터를 지닌 다수의 인물을 등장시킨다. 요즘에는 한 명의 주인공 또는 핵가족을 중심으로 돌아가는 드라마를 찾아보기 어렵다. 〈도둑들〉 같은 블록버스터 영화에 다양한 개성을 가진 여러 명의 주인공이 등장하는 것처럼 드라마에도 〈꽃보다 남자〉의 F4처럼 임팩트가 강한 주인공들이 등장한다. 형식을 파는 토크쇼 역시 개성이 다른 인물들이 '떼거리'로 등장해 기상천외한 이야기를 털어놓으면서 자신만의 강점을 보여주려고 경쟁한다. 심지어 가요프로그램에서는 복면을 쓰고 등장하기도 하는데 익명성이 재미를 더한다. 세계의 모든 문제를 '중계'하는 뉴스에서는 날마다 충격적인 사건이 벌어지니 '하이라이트' 화면만 모아놓아도 시청자를 유혹할 수 있다. 스포츠 중계 역시 하이라이트 화면만 반복해서 틀어도 장사가 된다.

하이콘텍스트의 장점을 최대로 보여준 프로그램은 '꽃미남' 트렌드를 들고나온 TV조선의 오디션 프로그램 〈미스터트롯〉이었다. 그 이전에 〈미스트롯〉이 있었지만 〈미스터트롯〉만큼 강력하지 못했다. 〈미스터트롯〉은 디테일한 편집으로 하이콘텍스트의 힘을 한껏 보여줬다. 경연자마다 사전에 촬영된 영상은 경연자를 좋아할 수밖에 없는 고리를 만들어준다. 그게 바로 콘텍스트다. 부모의 이혼으로 할아버지 밑에서 자란 14세 정동원이 할아버지의 건강을 이야기할 때 시청자는 홀딱 넘어갈 수밖에 없었다. 경연 프로그램에서는 대체로 1등만 기억된다. 그러나 〈미스터트롯〉의 출연자들은 본선에 진출한 사람들은 거의 모두 스타가 되었다. 그들이 노래를 부른 영상은 3분 30초 내외로 잘게 쪼개져 포털에 무료로 올려졌다. 대중은 광고를 보는 불편함을 감수하면서 이들 영상을 수없이 보았다.

〈미스터트롯〉에서 인기를 얻은 가수들은 공중파와 종편의 프로그램에 대거 등장하기 시작했다. 코로나19로 프로그램 제작이 어려워진 케이블 채널들은 〈미스터트롯〉을 무수하게 반복해서 틀었다. 이 바람에 〈미스터트롯〉 출연자들만이 대중에 각인됐다. 수상자들뿐만 아니라 인기를 얻은 일부 출연자들은 광고마저 대거 독식하기 시작했다. 코로나19로 행사마저 취소되자 트로트를 부르는 가수들은 노래를 부를 기회조차 얻지 못했다. 경력자들마저 단지 이름을 알리기 위해 다른 경연 프로그램에 출연하는 일까지 벌어졌다. 〈미스터트롯〉은 하이콘텍스트의 강점과 폐해를 최고 수준으로 한꺼번에 보여준 사례라 하지 않을 수 없다.

내가 하이콘텍스트에 대해 쓴 첫 글은 〈기획회의〉 424호(2016. 9. 20)에 발표한 「왜 하이콘텍스트여야 하는가」였다. 나는 〈기획회의〉 426호(2016. 10. 20)에 발표한 「왜 하이콘텍스트 출판인가」라는 글에서 "이미 스마트폰 안에는 시장, 도서관, 은행, 사교클럽 등 모든 것이 존재한다. 그런 곳에서 한순간 흥미를 끌지 못하면 바로 도태된다. 그러니 사전에 충분한 준비를 거친 다음 콘텐츠를 등장시킬 필요가 있다. 그렇게 공개한 콘텐츠가 갈수록 마니악해지는 유저들의 선택을 받으면 대박이 날 수도 있지만 대체로 바로 도태되는 일이 발생한다. 도태되지 않으려면 보다 많은 이의 관심을 끌 수 있는 소재여야 한다. 그래서 하이콘텍스트여야 하는 것"이라고 말했다. 나는 『하이콘텍스트 시대의 책과 인간』에서 일본 다이아몬드사의 편집자인 가토 사다아키가 〈편집회의〉 2014년 겨울 호에 발표한 「인터넷&소셜 시대에 히트하는 콘텐츠는 왜 '하이콘텍스트'인가」에서 말한 견해를 인용했다. 그는 "CD나 서적, 영화 등 일반 대중을 대상으로 한 계층성이 약한 커뮤니케이션만 가능했던 시대에서 인터넷의 등장으로 말미암아 소수의 팬과 좀 더 밀접한 관계를 구축할 수 있는 시대가 되었다. 지나치게 규모가 작아 종래 유통으로 인식되지 못했지만, 분명히 그곳에 존재했던 상권을 가시화하고 비즈니스로서 성립시킬 수 있게 되었다. 팬의 수가 적은 경우뿐 아니라 상당수의 팬을 확보한 콘텐츠나 아티스트도 이러한 연결이 가능하다면 커뮤니티의 질이 향상되고 팬의 만족도도 올라갈 것이 분명하다. CD 100만 장, 서적 100만 부와 같은 종래 지표만이 아니라 10만 명, 1만 명, 1,000명의 팬과 밀접하게 연결되는 새로운 가치의 평가 축이 생겨나고 있다. 매스커뮤니케이션 시대에는 미처 인식하지 못했던 다양한 규모의 팬과 지속적으로 이어가는 관계의 가치는 앞으로 점점 높아지게 될 것"이라고 말했다.

그의 지적대로 이제 책도 그런 시장에 완전히 편입됐다. 지금은 유튜브 세상이다. 유튜브에서 검색이 되지 않는 책은 팔기 어려운 세상이 되었다. 유튜브 영상은 하이콘텍스트의 속성이 더욱 강력하게 작용한다. 페이스북에 글을 쓰던 검찰 출신의 이연주 변호사가 『내가 검찰을 떠난 이유』(포르체)를 펴냈다. 책을 펴내기 전부터 저자는 유튜브에 출연해 인지도를 올렸다. 검찰 개혁이 최고의 이슈인 시대에 그가 말하는 이야기들은 제대로 먹혀들기 시작했다.

그는 실명으로 비판하기에 팬을 빠르게 늘려갈 수 있었다. 이 책이 바로 베스트셀러에 진입한 것은 지극히 당연했다.

가토 사다아키는 "하이콘텍스트라는 이유만으로 큰 히트로 이어지는 콘텐츠가 될 수는 없다. 대중의 기호가 다양해진 현대에는 유통되는 콘텐츠 하나하나가 틈새시장이 되기 십상이다. 팬이 늘지 않으면 히트상품이 되기 어렵다. 이런 상황에서 '히트 콘텐츠'를 제작하려면 좀 더 많은 사람의 흥미를 끌기 위한 방법으로 우선 콘텐츠의 중심이 되는 큰 테마를 준비해야 한다. 나아가 그 주위에 무수한 콘텍스트를 덧붙여가야 한다. 모든 콘텐츠에 이 방법론을 적용할 수는 없지만, 중심이 되는 단단한 스토리가 없다면 하이콘텍스트 콘텐츠가 히트하는 방법은 없다"고 했다.

우리는 큰 테마부터 잡을 줄 알아야 한다. 큰 테마를 확정한 다음에는 소셜 미디어에 글을 쓰면서 커뮤니티를 만들어야 한다. 커뮤니티는 다섯 명 이내의 소수로 시작해 점차 늘려가면 그만이다. 가끔 오프라인에서 만나 콘텐츠의 질을 키울 방법론을 찾아내야 한다. 그렇게 해서 자신감이 생겼을 때 책을 펴내면 된다. 자금이 부족한 것은 크라우드 펀딩으로 해결할 수 있다. 크라우드 펀딩은 하이콘텍스트의 장점을 제대로 수용한다. 그렇게 해서 책이 베스트셀러가 되는 것이 가장 손쉬운 창업일 수 있다. 장기적인 안목을 갖고 준비를 하면 누구나 성공할 수 있다.

우리는 분명 소셜 미디어 시대에 살고 있다. 블로그, 트위터, 인

스타그램, 페이스북 등 소셜 미디어가 점차 증가하면서 커뮤니케이션의 계층성은 점점 강해지고 있다. 소셜 미디어에 글을 올리면 즉각 '공감' 혹은 '좋아요'의 반응을 얻을 수 있다. 내가 블로그에 마케팅을 잘하는 출판사의 책을 언급한 글을 올리면 그 반응이 폭발적으로 증가할 때가 종종 있다. 내 책을 아무리 반복해서 소개해도 아무런 반응을 도출하지 못하는 경우도 많다. 아마도 일간지의 기사도 마찬가지일 것이다. 노출이 모든 것을 해결해주지 못한다. 어떻게 관계성을 찾아내는가가 중요하다. 텍스트를 둘러싼 다양한 이야기, 즉 콘텍스트(맥락)를 발견하는 것이 가장 중요하다. 되도록 고맥락이 되어야 하는 것은 두말할 필요가 없다.

소셜 미디어는 공감의 장치다. 이성(머리)이 아니라 감성(몸과 마음)으로 호소하는 공간이다. 그런 공간을 어떻게 활용하는가에 따라 이야기가 확산하는 과정에서 콘텐츠 자체에 재미도 더해져 하이콘텍스트 콘텐츠와 소셜 미디어는 서로 상승작용을 일으킨다. 많은 사람이 공감하고 공유할 수 있는 하이콘텍스트를 활용한 비즈니스가 콘텐츠 비즈니스의 핵심이 되었다. 공중파나 일간신문은 망할 지경에 처했지만 그곳의 종사자 중에서 하이콘텍스트의 장점을 활용할 줄 아는 사람이 1인 콘텐츠 기업가로 크게 성공하는 경우가 점차 늘어나고 있다. 출판이라고 예외이겠는가! 당신도 한번 나서보지 않으시겠는가!

08 출판사는 콘텐츠 메이커로 변신해야 한다

출판 창업은 혼자서도 얼마든지 가능하다. 최근 10년 동안 1년에 3,500개 이상의 출판사가 새로 등록되었는데 대부분 1인출판사로 볼 수 있다. 1인출판이 가능해진 이유로는 디지털 기술의 발달, 외주 시스템의 도입, 유통의 집중 등이 주로 거론된다. 디지털 기술은 모든 사람을 연결하면서 비용을 크게 절감시켰다. 외주 시스템이 발달하면서 직원들을 채용해서 열심히 책을 펴내던 사람들도 경영이 어려워지면 사무실을 집으로 옮기고 혼자서 일하는 경우가 종종 있다. 출판은 기획과 같은 매우 핵심적인 업무뿐만 아니라 편집, 제작, 유통 등 모든 일을 외부의 힘에 맡길 수 있다. 실력 있는 기획자들과의 협력으로 승승장구하는 출판사들이 갈수록 늘어나고 있다.

A 출판사는 처음부터 사무실을 따로 두지 않았다. 집에서 일하면서 한 사람의 직원을 사무실로 출근하도록 했다. 팔릴 만한 외국 소설을 펴내서 그런대로 주목받았다. 국내 작가의 소설은 거들떠보지도 않았다. 많은 일을 독자들의 자원봉사로 해결했다. 승승장구할 것 같았던 그 출판사는 요즘 생존을 걱정해야 하는 처지로 전락했다. 독자들의 안목이 높아지면서 그런 출판사를 외면하기 시작했기 때문이다. 특히 서브컬처 분야에서는 문학성이나 예술성을 출판사나 작가, 혹은 강단의 학자가 아니라 소비자(독자)가 정확하게 판단하는 일들이 늘어나고 있다. 여기서 독자는 생산자(창작자)로 보는 편이 옳을 것이다.

혼자서 가능하다고 해서 모두가 영원히 생존할 수 있는 것은 아니다. 창업이 쉽다는 것은 그만큼 경쟁이 심하다는 것을 의미한다. 그래서 출판사는 창업 초기에 망하는 경우가 너무 많다. 30년 경력자들마저 창업을 주저하는 이유가 경영의 두려움 때문이 아닐 수도 있지만 대형출판사와의 경쟁에서 절대로 지지 않을 자신감이 있는 사람만이 창업하는 것이 옳다. 언제든 시장의 필요를 읽어내는 능력을 갖추고 있으면서 시시때때로 그런 필요를 즉각 상품(책)으로 만들어낼 수 있는 역량을 갖춘 사람만이 창업에 성공할 수 있다. 물론 이런 일마저 외주로 처리할 수 있다. 그러나 외주자를 통제

할 능력이 없는 사람은 언제든 망할 준비가 되어 있는 사람에 불과하니 출판 시스템을 완벽하게 숙지할 필요가 있다.

창업하려는 의지를 가진 사람은 일단 많은 경험을 쌓을 필요가 있다. 꼭 대형출판사가 아니어도 좋다. 유망한 신생출판사가 경험 쌓기에 유리할 수도 있다. 전체의 시각으로 바라볼 수가 있기 때문이다. 다만 경영자가 책보다는 부동산에 관심이 많고 능력도 없는 처자식을 줄줄이 회사로 끌어들이는 출판사는 무조건 피할 필요가 있다. 가능하다면 직원에게 실패할 기회를 부여할 정도로 자율적 선택을 중시하는 출판사를 선택해야 한다. 실패가 잦아서는 안 되지만 초보자 시절의 뼈아픈 실패에서 성장의 큰 교훈을 얻을 수 있기 때문이다.

출판 유통, 머천다이징의 중요성

나는 앞에서 출판의 3대 환경을 저자, 유통, 독자로 꼽았다. 여기서는 유통을 이야기하겠다. 출판 유통은 갈수록 집중이 심각한 양상으로 전개되고 있다. 내가 출판사에 입사했던 1980년대에는 전국의 주요 서점들과 직접 거래해야 했다. 직접 책을 배본하고 수금도 해야 했다. 전국의 웬만한 중대형 도시에 150여 개의 거래처가 있었다. 그러나 지금은 10개 미만의 거래처만으로 해결할 수 있다. 무엇보다 4대 온라인서점의 매출 비중이 거의 절대적이다. 교보문고는 온·오프라인이 함께 있다. 일부 오프라인 대형서점은 대금 지급이 부실하여 거래하지 않는 출판사도 많다.

IMF 사태 때는 도매와 소매의 비중이 6대 4 정도였기에 도매상 연쇄 도산으로 인한 출판사의 피해가 컸다. 그러나 지금은 도매의 비중이 10% 정도에 불과하다. 과거에는 서점들이 약속어음으로 결제하는 경우가 많았다. 그러나 지금은 모두 온라인으로 송금한다. 나는 2017년 송인서적의 부도 이후 약속어음이라는 것을 한 장도 받아본 적이 없다. 물론 아직도 '문방구 어음'이 나돈다는 이야기는 듣고 있다.

1995년, 두 번째 소설집인 『풍금이 있던 자리』가 30만 부 이상 팔리고, 첫 번째 장편소설 『깊은 슬픔』(전 2권)이 두 달 만에 40만 부가 팔린 신경숙 작가의 두 번째 장편소설 『외딴방』(전 2권)이 출간됐다. 출판사 문학동네는 초판 10만 질을 발행했다. 전국의 도매상과 소매서점에서는 매절을 통해 대량부수를 공급받았다. 부러움과 비난의 목소리가 동시에 터져 나왔지만 나는 한번 해볼 만한 전략이란 생각이 들었다. 오히려 부러웠다고나 할까? 결과적으로 『외딴방』이 100만 질 이상 판매되면서 일부의 우려가 한갓 기우에 불과했다는 것을 확인해주었다. 10만 질을 발행했다는 사실 자체가 『외딴방』의 론칭을 크게 도왔다. 이후 『외딴방』은 문학성마저 인정받아 작가는 승승장구할 수 있었다.

나는 10만 질까지는 아니더라도 전략 상품은 초판을 2만 부 이상 발행해 대량 배본을 하곤 했다. 당시에는 책을 상품이라고만 해도 비난의 목소리가 터져 나왔다. 이미 밀리언셀러를 두 번이나 팔아본 경험이 있던 나는 간이 부었다고나 할까? 마케팅에 대해 무조건 부정적으로 바라보는 시각마저 없지 않았다. 밀어내기, 과다 광고, 언론플레이, 사재기 등을 묶어서 비난하는 사람도 있었다. 일부 사람은 나를 상업주의의 화신이라고 비난하기도 했다. 하여튼 나는 많이 판매하는 일을 하는 마케팅 담당자였다. 책의 질은 편집부에서 해결해주었다.

당시에 2만 부를 발행한 책은 보통 전국서점에 1만 4,000부 정도를 배본했다. 3,000부를 발행해서 절반 정도를 배본하면 서점에서 책이 보이지 않았다. 2015년 이후 책의 발견성이 최대 화두가 되었는데 발견성이 중요하지 않은 적은 없었다. 독자의 눈에 띄게 하려면 무조건 서점의 좋은 자리에 책이 진열되게 해야 했다. 일종의 밀어내기를 한 것이다. 무엇이든 과도한 것은 늘 문제가 된다. 밀어내기라고 다르지 않을 것이다. 하지만 밀어내기를 통해 베스트셀러가 양산되던 시기였다. 서점에 책이 깔려야 독자의 눈에 띄니 경쟁적으로 밀어내기를 한 것이었다.

나는 현장 영업자 시절에 어린이날과 크리스마스에 쉬어본 적이 없었다. 요즘과 달리 평상시에 책을 잘 사지 않던 부모들이 특별한 날에는 책을 사주곤 했다. 서점에서 밀려드는 독자들에게 책을 안내하다가 떨어진 책이 있으면 급하게 사무실에서 실어 나르기도 했다. 누가 시켜서 하는 일이 아니었다. 특별한 시기가 지난 뒤에는 책이 잘 팔리지 않았다. 내가 그렇게 생각하게 된 데에는 이유가 있었다.

1983년에 출판사에 입사하고 나서는 시간이 있을 때면 무조건 서점에서 놀았다. 하도 서점에서 죽치며 지내니 웬만한 책의 서지 정보는 저절로 외워졌다. 일부 서점원은 내게 전화를 걸어 책의 정보를 묻기도 했다. 나는 어느 출판사의 어떤 저자의 책인데 당신네 서점 어느 코너에 그 책이 있을 것이라고 알려주곤 했다. 그런 나를 좋게 보았는지 교보문고의 매장 책임자가 나에게 한 아이디어를 주었다. 창비아동문고의 한국전래동화집 10권을 크리스마스 선물 세트로 만들어보라는 것이었다. 교보문고에서는 300질을 책임지 겠다고 했다.

회사에 그 사실을 알리니 한국창작동화집(12권), 세계민화집(12권) 세트도 만들자고 했다. 그렇게 해서 한국전래동화집 3,000세트와 한국창작동화집과 세계민화집 각 1,000세트가 만들어졌다. 모두 책을 새로 제작해 비닐 케이스에 넣는 작업이라 시간이 오래 걸려 크리스마스에 임박해 선물 세트가 완성됐다. 급하게 발송을 끝내 고 나는 크리스마스가 지나서 지방 출장을 떠났다. 그러나 서점의 매장과 창고에서 그 책들을 발견할 수가 없었다. 이미 모두 팔리고 없었던 것이다. 교보문고에서는 300질을 소화하고 재주문까지 해 주었다. 성과는 그것으로 끝나지 않았다. 이후 창비아동문고가 서

08. 출판사는 콘텐츠 메이커로 변신해야 한다

점에서 더 잘 팔려나가기 시작했다.

나는 이 일을 계기로 머천다이징의 중요성을 깨달았다. 머천다이징의 사전적 의미는 "시장조사와 같은 과학적 방법에 의거하여, 수요 내용에 적합한 상품 또는 서비스를 알맞은 시기와 장소에 적정가격으로 유통시키기 위한 일련의 시책"이다. 나는 상품의 수요란 저절로 만들어지는 것이 아니라 적극적인 머천다이징에 의해 새롭게 창출된다는 것을 절감했다. 이후 나는 독자의 성향을 파악하고자 영화는 관객이 몰리는 토요일 오후 2시에 종로3가의 개봉관에서 보곤 했다. 예매하지 않아도 상영시간 10분 전에는 약간의 웃돈만 주면 암표를 얼마든지 구할 수 있었다. 나는 1990년대 중반 이후에 〈접속〉이나 〈미술관 옆 동물원〉 같은 영화를 본 것이 아니라 영화를 보는 관객을 보는 데 열중했다. 지금 아쉬운 것은 그걸 늘 혼자서 했다는 사실이다.

1996년에는 창비에서도 신경숙 작가의 신작이 나오게 되었다. 나는 당시 울산 문화서점에 근무하던 이창훈 전무에게 "우리도 신경숙 창작집이 나온다"고 자랑했다. 그는 "형, 어떤 작품이 실리는지 차례만 내게 알려줘! 게재지도 알려주고"라고 말했다. 이 전무는 울산대학교 도서관에 가서 그 작품들을 모두 복사해서 읽고는 제목은 무조건 '오래전 집을 떠날 때'가 되어야 한다, 이 책의 주 독자층은 20대 초반의 여성이라는 등의 이야기를 해주었다. 그가 판매기획서를 거의 써주다시피 했다. 당시 수많은 편집자가 이 전무를 만나러 울산으로 내려가곤 했다.

인기작가의 책은 출판사나 마케터에게는 기회이기도 하지만 부담도 된다. 잘 팔리면 작가의 인기 탓이고 못 팔면 출판사의 능력 탓이 되어 이미지가 크게 훼손된다. 그래서인지 그 소설집의 표지를 유명 디자이너에게 외주를 주기로 했다. 그 디자이너는 판매기획서를 요구했다. 나는 영업 일선에서 물러나 있었지만 윗분이 불러서 지시를 하는 바람에 작성할 수밖에 없었다. 나는 30분 만에 판매기획서를 완성해서 제출하고 점심을 먹으러 갔다. 이창훈 전무가 이야기해준 것을 간단하게 정리만 하면 그만이었다. 그때 타깃 독자를 23세 여성이라고 적었다. 문학동네의 신경숙 독자층 가운데 23세 여성이 가장 많았다는 사실을 알았기 때문이었다. 『오래전 집을 떠날 때』에도 독자엽서를 넣었다. 돌아온 엽서들을 모아 통계를 내보니 독자 평균 나이가 24세였다. 그 사이에 신경숙 작가의 독자들은 1년 정도 '늙어' 있었다.

책이 나오자 울산 문화서점에서는 1,000부만 발송해달라고 했다. 그 이후에는 "500부를 소매서점에 깔았는데 재주문이 어디서 어떻게 왔다. 저녁에 소매서점에 근무하면서 살펴보니 책을 사가는 독자들이 주로 이런 사람이더라"는 등 참으로 많은 이야기를 해주었다. 나는 서점인들의 도움을 정말 많이 받았다. 그들은 마케팅의 결정적인 정보를 내게 제공했다. 그들이 있었기에 오늘의 내가 있다. 영업은 늘 나 혼자 한 것이 아니었다. 전국의 실력 있는 서점인들과 함께했다.

2006년에 자전 『열정시대』의 첫 원고를 쓸 때 나는 마지막 자판을 누르고는 한참을 통곡했다. 그렇게 책을 사랑했던 그들은, 오로지 책밖에 몰랐던 그들은, 모두 어디로 갔는가? 책을 사랑한 죄밖에 없는 무수한 서점인들이 온라인서점의 무한할인 경쟁에 휘말려 타의에 의해 책 시장을 떠나야만 했다. 내가 '도서정가제' 이야기만 나오면 과격해지는 데는 이런 이유가 있었다. 이창훈 전무는 나중에 출판사를 차려서 활발하게 활동하다가 젊은 나이에 과로로 세상을 떴다. 너무 아까운 사람이 일찍 세상을 뜨는 바람에 매우 가슴이 아팠다.

베스트셀러를 만드는 유통 전략

다시 본론으로 돌아가자. 밀어내기는 광고와 홍보가 동반되어야 성공할 수 있었다. 대량부수를 매절해서 확보한 자금이 있으면 자신 있게 광고를 할 수 있었다. 1994년에 광고가 책을 베스트셀러로 만든다는 기사가 나기도 했다. 하지만 광고만 해서는 성공할 수 없었다. 1980년대까지는 4P의 시대였다. 상품product, 가격price, 유통place, 프로모션promotion 등 네 가지 마케팅믹스 전략이 생산자 주도로 활발하게 전개되었다. 상품만 잘 만들어도 어느 정도 성공할 수 있던 시절이었다. 프로모션은 광고, 홍보, 인적 판매, 판촉 활동, 이벤트, 구전 등으로 나뉘었는데 이들 전략을 각각 적절하게 잘 구사해야만 했다.

60~80년대	90년대	21세기
4P시대(광고시대)	4C시대 (통합마케팅 커뮤니케이션 시대)	?
상품(product) 가격(price) 유통(place) 프로모션(promotion)	→ 소비자(consumer) → 비용(cost) → 편의성(convenience) → 커뮤니케이션(communication) →	
생산자 주도 시대	소비자 주도 시대	?

마케팅전략의 시대별 변화

소비자가 주도권을 쥐고 모든 것을 행사하려 들기 시작한 1990년대는 4C를 활용한 통합마케팅 커뮤니케이션TMC; Total Marketing Communication의 시대로 바뀌었다. 4C는 소비자consumer, 비용cost, 편의성convenience, 커뮤니케이션communication을 말한다. 그런데 4P는 대칭적으로 4C로 변화하지 않았다. 4C란 기본적으로 커뮤니케이션 전략으로 4P의 프로모션이 강화되면서 프로모션이 적절하게 이루어져 4C의 목표가 달성되는 TMC가 되어야만 했다.

이는 종래의 광고, 홍보, 인적 판매, 판촉 활동, 이벤트 등 개별적인 커뮤니케이션 도구를 개별적·선택적으로 접근하는 방식을 탈피하고 '시너지 효과'를 일으킬 수 있도록 통합적으로 활용하는 포괄적인 전략이었다. 상품(책)을 만들고, 가격을 정하고, 유통경로를 선택하는 일은 생산자 주도로 이루어지지만 프로모션은 오로지 독자(소비자)의 마음을 움직여야만 했다. 독자의 마음이란 갈대와 같아서 쉽게 움직이지 않았다.

1990년대 중반 이후에는 포장package을 제5의 마케팅믹스로 따로 구분해서 강조하기 시작했다. 포장은 제목 결정, 표지 구성, 본문 구성, 수준 높은 제작 등을 포함한다. 포장이란 단어가 다소 거북해 나는 이후 '만들기making'라는 용어를 쓰기도 했다. 하지만 서점에 진열되어 독자의 눈에 띌 뿐만 아니라 대중 소비를 이끌어내기 위해서는 상품미학의 수준으로까지 나아가야만 했다. 경쟁이 격화되면서 포장의 중요성이 부상한 이후 경쟁적으로 띠지를 활용하기도 했다. 띠지를 홍보를 위한 장식이 아니라 책의 일부로 인식하는 흐름마저 있었다.

나는 졸저 『베스트셀러 30년』에 "이 해(1994년)부터 가벼우면서 읽기 쉽고, 디자인에 더욱 신경을 쓰고, 화제를 끊임없이 만들어내고, 각종 지침서처럼 실제 활용성을 높여 베스트셀러를 만드는 전략이 논의되기 시작했다. 타이틀title · 타이밍timing · 타깃target의 3T 전략을 활용해 베스트셀러를 만드는 기획자 · 편집자 · 마케터 등이 모인 '이너서클inner circle'의 등장을 알렸다. 영상에 익숙한 신세대를 겨냥해 만들어진 베스트셀러들은 삶에 대한 깊은 공감과 감동을 주는 수준 있는 소설이 아니라 감수성 예민한 여성 작가의 작품이나 스토리텔링 위주의 대중소설이 대부분이었기에 이에 대한 비판의 목소리가 점차 높아지기 시작했다"고 썼다.

일본의 출판평론가 시오자와 미노부는 베스트셀러가 되기 위한 요건으로 타이틀title, 테마theme, 타이밍timing의 3T를 제시했다. 그는 「아마추어가 베스트셀러를 만든다」란 좌담(일본문화잡지 〈창創〉 1996년 1월 호)에서 이 3T에다 화제성의 토픽topic, 입선전의 토크talk의 두 가지 T를 더하고, 나아가 탤런트talent와 판형의 타입type을 추가하여 모두 7T를 제시했다.

고객이 주로 모바일에서 상품에 대한 정보를 얻거나 구매를 하는 지금은 유통 전략을 어떻게 세워야 할까? 먼저 밀어내기는 가능할까? 거래하는 중소형서점이 대폭 줄어들었기 때문에 배본할 수 있는 오프라인서점을 찾아보기가 어렵다. 과거에는 도매상을 통해 밀어내기를 시도했는데 도매상도 배본할 거래처가 별로 없어 밀어내기를 하기가 어렵다. 도매상은 그나마 몇 개 남지 않았다. 온라인서점은 독자의 주문이 있기 전에는 1부 단위로 주문한다. 독자의 주문이 없으면 영원히 주문이 없을 수도 있다. 물론 광고를 대가로 대량부수를 밀어낼 수 있다. 그래서 아주 특별한 전략 상품이 아니면 중형 이하의 출판사는 신간을 500부 배본하기가 어렵다. 1인출판사의 경우에는 초기 배본 200부도 어렵다.

20세기까지는 밀어내기에 '발견성 확보'라는 명분이라도 있었다. 신간은 보통 1,500부 이상 배본하는 것이 관습이었다. 하지만 그때도 밀어내기가 광고·홍보와 병행이 되지 않으면 대부분 반품으로 이어졌다. 1,500부 배본한 책도 반품률이 보통 30%~40%는 되었다. 심지어 초판 3,000부 발행한 책이 나중에 창고에서 2,900부가량 발견되는 경우도 있었다. 무작정 배본하는 것보다 판매가 되게 하는 것이 중요하다. 독자가 서점에서 책을 찾기 시작하면 서점은 무조건 주문을 한다. 그래서 사재기를 하곤 했다. 그러나 1990년대에 사재기를 하던 출판사 중에서 지금까지 살아남은 출판사는 거의 찾아보기 어렵다.

유통 현실이 이러하니 마케터가 할 수 있는 유일한 일은 대형서점의 매대를 사는 일이라고 한다. 대형서점들이 독자가 필요로 할 만한 책을 큐레이션 해서 진열하는 것이 아니라 매대를 산 출판사가 팔고 싶어 하는 책을 진열한다는 사실을 이제 모르는 사람은 거의 없다. 그래서 매대를 사서 진열을 해보아야 이익을 내기가 쉽지 않다. 그런데도 매대를 사려는 이들이 줄을 선다. 출판사가 매대를 사지 못하면 저자가 비용을 대서라도 사재기를 통해 베스트셀러로 만들려는 경우가 많아 매대 판매는 여전히 성업 중이다.

책의 발견성 확보를 위해 움직이는 출판인

그렇다면 출판사는 어떻게 해야 살아남을 수 있을까? 〈기획회의〉는 2015년 9월 22일에 '책의 발견과 연결성'이라는 출판포럼을 개

최했다. "독자들은 책에서 점점 멀어지고 있고, 기술은 날로 발전해 더 이상 책이 인간의 삶에 영향을 주지 못하는 시대다. 기술이 점점 빠른 속도로 발전함에 따라 미래에는 거의 모든 정보가 공유될 것이다. 이렇게 되면 책의 향방은 가늠조차 할 수 없는, 점차 인간의 뇌리에서 사라질지도 모른다는 두려움이 앞선다. 그 두려움을 이겨내고 출판이 살아남을 수 있는 길은 무엇일까?"를 탐구해보자는 취지였다.

그날 포럼에서 장은수 출판평론가는 2012년 즈음부터 미국, 유럽 등 출판 선진국을 포함해 전 세계 출판계의 화두로 떠오른 개념이 '연결성'이라고 주장하며 그 당시의 상황을 "보도만으로 발견되지 않는다. 그러나 보도조차 어렵다. 배본만으로 판매되지 않는다. 그러나 배본조차 충분치 않다. 보관(도서관은 책이 포화 상태다)만으로 읽히지 않는다. 그러나 공간조차 자꾸 줄어든다"고 당시 상황부터 정리했다. 이어서 그는 "비독자를 독자로 만드는 실천이 없다면 출판 비즈니스는 저절로 붕괴되고 말 것"이라고 경고했다. 그는 2016년 3월에 펴낸 『출판의 미래』(오르트)에서 "오늘날 출판산업의 가장 심각한 문제는 독자들이 점진적으로 이탈하고 있다는 사실"이라고 지적했다. 그러니 "오늘날 출판사들은 고객들이 더 편리하게 읽을 수 있도록 가능한 한 모든 수단을 제공해야 한다. 종이든, 화면이든 독자들이 읽고 싶어 하는 어떤 기기에서도 책을 읽을 수 있는 환경을 제시할 때 독자들은 더 많은 책을 소비한다. 그리고 즐

겹게 편리하고 반복되는 책 읽기는 더 많은 책을 소비한다"고 주장
했다.

결국 책의 '발견성'을 책임지는 것은 서점이 아니라 출판사다.
출판마케팅 전반이 모바일 친화적으로 변해가는 세상에서 '극도
의 불안정성'을 극복하고 가능성을 열어가려면 출판사가 팔리는
책을 펴내서 독자들을 유혹할 수 있어야만 한다. 요즘 책이 팔리지
않는다고 아우성을 치지만 한 달 안에 10만 부를 돌파했다는 책이
끊임없이 이어지고 있다. 전에는 인기작가의 책이 나와도 10만 부
를 넘기려면 오랜 시간이 걸렸지만 초연결사회가 된 이후에는 화
제의 중심에 오른 책이면 순식간에 10만 부를 넘긴다. 발견성을 키
우기가 어렵지만 발견성이 확보된 책이면 순식간에 시장성이 커진
다. 그런 책을 펴내면 유통회사에서 알아서 크게 광고를 하면서 팔
아준다.

미디어 환경이 급속하게 변하면서 새로운 마케팅 전략으로 주
목받은 것이 트리플 미디어다. 트리플 미디어란 '페이드 미디어paid
media', '온드 미디어owned media', '언드 미디어earned media' 등 세 미디
어를 지칭한다. 페이드 미디어는 TV광고, 신문광고처럼 기업체가
비용을 지불하면서 실행하는 전통적인 광고 활동이다. 그러나 이
제 페이드 미디어의 광고 효과는 크게 쇠퇴했다. 온드 미디어는 자
사 홈페이지나 페이스북 등 기업체가 소유한 광고 매체이다. 온드
미디어 또한 공공성을 확보하지 못하면 효과를 얻지 못하고 직원

들의 피로만 가중시킬 뿐이다. 효과를 가장 많이 기대할 수 있는 언드 미디어는 입소문 등으로 고객이 직접 정보를 발생시키는 미디어를 말한다.

출판사는 세 전략을 적절히 활용해야 한다. 페이드 미디어의 경우 소규모 출판사가 집행하기는 어렵다. 온드 미디어는 모두들 열심히 하고 있다. 블로그나 페이스북, 인스타그램, 유튜브 등에 열심히 책을 소개하고 있다. 마케팅 활동이 소셜 미디어에 집중되고 있다. 그러나 단순히 글을 올리는 것보다 자사의 플랫폼을 확보하는 것이 시급하다. 자사의 플랫폼을 확보한 출판사는 과연 얼마나 될까? 언드 미디어는 최상의 홍보 활동이다. '아미'라는 거대한 팬덤을 확보한 방탄소년단BTS이 잠깐 소개하기만 해도 책의 운명은 달라진다. 인기 유튜버가 손에 들고 흔들어주면 하루아침에 상황이 달라진다. 운에 기대지 말고 치밀한 전략으로 트리플 미디어를 잘 활용해야만 출판사의 지속적이고 안정된 운영이 가능하다.

결국 전통적인 출판 비즈니스 모델로는 살아남기 어려운 세상이 되었다. 우리는 편집력부터 키워야 한다. 편집력이란 교정·교열을 잘 보는 것만 의미하지 않는다. 편집력이란 적절한 소재를 발굴하고 콘텐츠화하는 능력을 말한다. 지금 전 세계에서 종이책 매출이 완만하게 하강하고 있지만 전자책을 비롯한 콘텐츠 매출과 저작권으로 인한 매출이 상승하고 있기에 출판은 새로운 가능성을 열어가고 있다. 일본 고단샤는 종이책 매출과 전자출판 등 디지털 관련 수입과 저작권 판매 수입을 포함한 '사업수입'이 비슷한 수준이 되었다. 종이책 매출은 20세기 말 최전성기의 절반 수준으로 하락했으나 비종이책 매출이 증가해 최고의 매출을 확보했다. 영업이익은 역사상 최고 수준을 이미 달성했다고 한다. 고단샤의 노마 요시노부 사장은 2020년 2월 20일에 한 매체와의 인터뷰에서 "21세기 들어 최고 실적을 기록했다. 올해(2020년)는 종이출판 매출보다 전자출판 등의 사업수입이 더 커질 전망이다"라고 밝혔다. 남을 부러워하고 있을 수만은 없다. 국내에서도 서서히 그런 출판사가 등장할 것으로 보인다.

이제 출판사는 콘텐츠 메이커로 변신해야 한다. 팔릴 만한 주제를 기획하고 사람을 모아 콘텐츠를 만들 수 있어야 한다. 편집이란 단순히 '전달'하는 수준을 뛰어넘어 '촉발'하는 수준이 되어야만 한다. 편집자는 정보를 자유자재로 다루는 요리사가 되어야 한다. 내가 먹을 음식은 대강 만들어도 되지만 수많은 고객을 만족시키려면 최상의 맛을 지닌 요리를 다양하게 만들어낼 수 있어야 한다. 앞으로 좀 더 고급화되지 않은 것들은 바로 도태된다. 따라서 콘텐츠 메이커는 재미와 공공성, 창의성(광기, 비일상성, 판타지)을 동시에 고민해야만 한다.

내가 '어떻게 독자와 연결하고 저자와 연결할 것인가'를 고민하며 제일 먼저 만든 단어가 앞에서 말한 '퍼블리터(publisher+editor)'라는 신조어였다. 퍼블리터는 디지털세계에서의 정보 전달 방식을 이해한 편집자라는 뜻을 내포하고 있다. 내가 이 조어를 만들었더니 편집자가 편집만 잘하면 됐지 홍보와 마케팅까지 책임지라고 하느냐고 화를 내는 사람이 있었다. 월급도 몇 푼 못 받는데 사장 역할까지 하라는 것이냐며 나를 비판한다는 이야기가 들려왔다. 억지로 하기 싫은 일을 하라는 것이 아니다. 나는 편집자가 역할을 확대하지 않으면 살아남을 수 없는 환경을 이야기했을 뿐이다. 디지털 세상에서의 정보 전달 방식을 제대로 이해하지 못하면 자연히 독자와의 관계 맺기도 어려워진다.

퍼블리셔publisher가 홍보의 달인을 의미한다면, 에디터는 편집의 달인이다. 나는 이게 합쳐져야 한다고 말했다. 달리 말하면 모두가 출판사의 콘텐츠 메이커가 되어야만 한다. 종이책과 디지털 콘텐츠, 마케팅과 유통을 동시에 고민해야 하는데 아직도 전통적인 출판사의 편집자와 영업자처럼 역할을 나누어야 한다고 생각하는 사람이 있을까? 이제는 편집자가 유통, 마케팅까지 고민해서 책을 생산해야 하는 시대다.

10여 년 전부터 뜨고 있는 프로그래매틱 광고(프로그램을 통해 이용자의 검색 등 빅 데이터를 분석해 자동으로 제공하는 광고)가 있다. 미국의 광고주들은 이미 70%가 이런 광고를 요구한다고 한다. 광고 같지 않은 광고, 기사를 가장한 광고 같은 거다. 역시 콘텐츠 메이커의 역할이다. 따라서 콘텐츠 메이커가 갖춰야 할 요소는 과감성, 새로운 발상, 밸런스 감각과 편집력 등이다. 달리 말하면 연결성과 공익성과 다양성과 창의성과 의외성과 접근성이다. 그중 가장 중요한 것은 물론 연결성이다.

내가 한때 생각한 건 서평 플랫폼이다. 모바일 기반의 출판 전문 콘텐츠 플랫폼으로, 100명의 서평가가 올리는 책에 대한 스토리가 주 콘텐츠였다. 지금 신문에서 소개하는 책들은 거의 인문사회계열이다. 그런데 시장에서 더 인기를 얻는 것은 아동·청소년 분야의 도서와 실용서다. 모든 분야를 제대로 말할 수 있는 서평가들을 동원해서 책에 대해 이야기하도록 할 생각이었다. 물론 재미와 공공성을 최우선으로 추구하는 플랫폼을 만들어 '거래'를 한다거나 '장사'를 한다는 이미지를 불식시킬 생각이었지만 능력이 부족해 아직도 플랫폼을 만들지 못했다. 그러나 플랫폼을 확보한 출판사는 꾸준히 성장해갈 것이다. 나는 언제쯤 그게 가능할까? 아직도 가야 할 길이 너무 멀고 아득하기만 하다. 함께 걸을 사람이 있다면 공공성만 확보된다면 악마와도 협력할 용의가 있다.

마지막으로 사족 하나를 붙이자. 광고의 효과가 크던 1990년대에 매출의 10%만 광고비로 투입하면 경영에 어려움이 없었다. 그렇더라도 전체 매출의 10%를 전략 상품에 집중해서 광고한 출판사는 승승장구했지만 펴내는 모든 책을 광고한 출판사는 어려움을 겪어야 했다. 팔리는 한 권의 책이 언제나 출판사의 운명을 좌우했다는 사실을 우리는 잊지 말아야 한다.

09

독자를 크리에이터로 존중하는 멤버십 비즈니스가 되어야 한다

출판이란 "글과 그림, 사진 등의 저작물을 인쇄 혹은 전자책의 형태로 복제하여 다수의 사람에게 발매 또는 배포하는 행위"를 말한다. 독재권력은 언제나 출판을 두려워했다. 언론이 제 역할을 포기하고 있을 때도 출판은 언론의 역할을 자임했기 때문이다. 우리나라 헌법 21조 제1항에서는 "모든 국민은 언론·출판의 자유와 집회·결사의 자유를 가진다"라고 규정하고 있으며, 제2항에서는 "언론·출판에 대한 허가나 검열과 집회·결사에 대한 허가는 인정되지 아니한다"고 규정하고 있다. 그러나 허가·금지 조항은 유신헌법과 제5공화국 헌법에서는 삭제되는 아픔을 겪었다. 그런 시절에 출판 창업은 쉽게 허용되지 않는 허가제였다. 그러다 6월항쟁 이후 직선제 개헌이 이루어지면서 다시 삽입되었고, 이후 출판은 아무나 등록할 수 있었다.

자신의 강점으로부터

출판 창업을 왜 할까? 돈을 벌기 위해서? 아니면 생업을 위해서? 그게 아니라고 할 수는 없을 것이다. 1970년대에는 달랐다. 주로 해직 언론인과 해직 교수, 그리고 진보적 문인들과 학생운동을 했던 이들이 '출판운동'을 하기 위해 출판사를 창업했다. 이들이 목표로 한 것은 대중이었다. 그들은 대중에게 새로운 지식과 사상을 전파하기 위해 출판운동을 벌였다. 한글 전용과 가로쓰기가 이때 도입되었고, 이른바 단행본에 주목하기 시작했다. 이때 유입된 출판인들은 정치권력의 끊임없는 부당한 억압에 대한 저항의 수단으로 책을 펴내고 보급하기 위해서 헌신했다. 특히 학생 운동을 하던 이들은 이런 목적을 가진 출판사에 취업하거나 창업을 해서 맹렬하게 활동하기도 했다.

나는 서울에서는 등록을 내주지 않아 청주에서 등록한 출판사 편집부에서 일을 하기 시작했다. 영업은 대표가 책임지고 편집은 나 혼자 했다. 나는 자연스럽게 편집장으로 불렸다. 내가 처음으로 기획한 책은 『농민문학론』과 『신동엽, 그의 삶과 문학』이었다. 두 책 모두 유명한 문인들이 편집인으로 역할을 해주었다. 앞의 책은 신경림 시인이, 뒤의 책은 구중서 문학평론가가 맡아주었다. 두 도서를 만들면서 계간 〈창작과비평〉에서 활동하는 문인들을 자연스럽게 만나게 되었다. 그 일이 창작과비평사(현 창비)에 입사하는 계기가 되었다.

그 당시에는 출판 정신이 늘 강조되었다. 방송에 편집자가 등장하면 춥고 배고픈 사람으로 그려지고는 했다. 일부 보수적인 사람들이 출판업에 종사하는 청년들을 빨갱이라고 부르는 경우도 있었다. 내가 출판계에 입문한 것은 이런 분위기가 절정에 이르던 1982년이었다. 출판인들이 구속됐다는 소식이 끊임없이 들려왔다. 수많은 책이 불온서적이라는 이유로 압수당하거나, 판매금지 조치를 당했다. 5·6공화국에서 구속된 출판인이 110명이고, 판금과 압수를 당한 책이 1,300여 종으로 약 300만 권이나 된다는 통계가 있을 정도니 얼마나 탄압이 심각했는가를 알 수 있다. 탄압이 심할수록 출판인들의 저항은 거세졌다.

책을 만들어도 판로가 없으면 이 일을 계속할 수 없다. 물류가 생산을 규정한다는 말이 이때도 적용되었다. 주요 대학 앞이나 시내 중심가에 자리한 인문사회과학서점은 이들 책을 작전까지 펼치면서 팔았다. 그래서 판금서적이 되면 책은 더 잘 팔려나가기도 했다. 인문사회과학서점에 가면 그 지역의 운동권 사람들을 만날 수 있었고, 자주 그들과 술판을 벌였다. 월급은 대부분 술값으로 날렸다.

09. 독자를 크리에이터로 존중하는 멤버십 비즈니스가 되어야 한다

대중 정서는 출판운동을 하는 이들을 응원하는 쪽이었다.

　인문사회과학서점을 운영하는 사람들은 사업보다 운동에 뜻이 더 있었다. 그들은 학생들에게 자주 외상을 주고 운동하는 사람들의 뒷돈을 대거나 술값을 챙겨주다 보니 정작 출판사에 대한 지불은 소홀히 했다. 그래서 관리를 위해서라도 '문제 서점' 근처에서 배회하는 경우가 잦았다. 그런 곳에서 같은 목적으로 배회하는 출판인들과도 자주 회동했다. 그 바람에 집안 살림은 더욱 쪼들릴 수밖에 없었다. 게다가 견물생심이어서 서점에서 책을 많이 사게 되니 책값도 적지 않게 나갔다. 드라마에서 편집자는 라면을 겨우 끓여 먹는 사람으로 자주 그려지고는 했는데 실제 생활에서는 라면이라도 먹을 수 있으면 다행인 상황이었다.

　내가 창비에 입사하자마자 벌인 일 중의 하나는 판금서적을 몰래 판매하는 일이었다. 창비는 판금서적이 많았지만 내가 입사하기 전에는 영업자들이 겁을 내서 판매하지 않았다는 사실이 곧 확인되었다. 뒤늦게 깨달은 사실이지만 회사에서는 은근히 그런 역할을 해주기를 바라고 나를 입사시켰을 것이다. 내게 그 역할을 해달라고 요구한 적은 한 번도 없었다. 하지만 나는 운동을 하려고 출판에 헌신한 것이어서 어쩌면 그 일은 내게 주어진 업보였을 것이다.

　당시 창비의 판금서적은 주로 문학서적이라 인기가 많았다. 『국토』(조태일), 『한국의 아이』(황명걸), 『북치는 앉은뱅이』(양성우), 『땅의 연가』(문병란), 『타는 목마름으로』(김지하), 『신동엽 전집』·『전환

시대의 논리』(리영희), 『순이 삼촌』(현기영), 『민중시대의 문학』(염무웅) 등을 나는 1983년 추석 직전에 비밀작전을 펼치듯 서점에 푼 다음에 이후 주문이 다시 오면 열심히 공급하며 팔았다. 일부 책은 무수히 찍어가며 열심히 팔았다. 그런데도 운이 좋았는지 한 번도 문제가 되지 않았다.

5공화국 정부는 판금서적으로 등재하지 않고 납본필증을 교부하지 않으면서 초판만 팔 것을 종용하기도 했다. 납본필증이 마치 '판매허가증'처럼 작동하면서 정부와 출판사와 서점 간의 갈등이 고조되었다. 1985년 문화공보부가 국회에 제출한 자료에 따르면, 1985년 10월 말 기준으로 총 10만 7,330종의 간행물을 납본받아 '검토'한 끝에, '국헌과 공안을 침해'하는 서적 1,428종의 간행물에 대해 납본필증을 교부하지 않았다. 또 1986년 10월 10일 자로 작성된 당국의 '문제성 도서목록'에서는 1974년부터 1986년 8월까지 발행된 도서 671종에 대한 판매금지를 명시하고 있다.

5공화국 말기로 가면서 재집권을 위해서인지 출판에 대한 탄압이 매우 심해졌다. 그럴수록 출판계는 물러서지 않고 공세적으로 나왔다. 북한 바로 알기, 원전 읽기 붐도 일으키면서 거세게 저항했다. 러시아와 중국 등에서 소수민족을 위해서 만들어진 책이나 북한의 이념서나 소설을 거의 그대로 복제해서 판매하기 시작했다. 그런 책들도 기본 3,000부가 순식간에 팔려나갔다. 한국에서 인문서 최초의 밀리언셀러는 1980년대에 비밀리에 팔려나간 조성오의

『철학 에세이』(동녘)다. 이 책의 저자는 사회변혁에 대한 철학적 논리화를 시도한 조성오였지만 출판사는 저자를 보호하기 위해 처음에는 '편집부 엮음'으로 책을 펴내야만 했다.

상황이 이러니 '좌파 상업주의'라는 말이 나오기도 했다. 실제로 돈을 버는 데에만 목적이 있는 사람들이 출판운동을 빙자해 판매 금지가 될 책을 펴내려고 한 경우도 없지 않았다. 그렇지만 시대정신을 담아 대중의 지지를 받은 책을 펴내어서 운동권의 추천도서 목록에 오르기만 하면 광고와 홍보를 전혀 하지 않고도 얼마든지 책을 많이 판매할 수 있었다.

2017년에 '요다'와 '플로베르'를 등록하면서 출판을 확장하려고 했을 때 1980년대 이후의 경험을 떠올리면서 나의 강점과 약점부터 살펴보기 시작했다. 나는 무수한 베스트셀러를 팔아본 경험이 있다. 1990년대 후반에 '최저생계비'가 늘 5,000만 원 이상이라는 농담을 하곤 했다. 창비의 월 매출이 늘 5억 원 이상이었으니 매출의 10%인 5,000만 원을 광고비에 투입할 수 있었다. 회사 내부의 논의를 거쳐서 전략적인 상품(책)을 광고를 통해 베스트셀러로 만들 수 있었다.

책을 통한 자연스러운 연결

나는 그즈음 30만 부 이상 팔리는 베스트셀러를 6개월에 한 종씩 무조건 만들 수 있다는 자만에 빠져 있었다. 실제로 그래야 회사는 안정적인 운영을 할 수 있었다. 매달 서너 권의 신간이 출간되었으니 약 15종 중에 한 종은 그 정도의 성과를 내야 출판사가 잘 굴러갈 수 있었다. 그러나 그 일이 쉬운 것만은 아니었다. 베스트셀러 경쟁은 피를 말리는 일이었다. 그 일에 총력을 기울이다 보면 잠을 잘 수가 없었다. 하루의 일과는 새벽 5시에 출근해 모든 신문의 기사와 책 광고를 훑어보는 일로 시작되었다. 그렇게 총력을 다해 베스트셀러를 만드는 일은 어쩌면 당위였다. 하지만 솔직히 나는 그 일에서 벗어나고 싶었다. 차라리 1980년대의 가난했던 시절이 좋았다. 베스트셀러를 만드는 일이 쉽지 않았고 설사 목적이 달성되어도 허전했다. 자만이 독이 됐을까? 그렇게 세월을 보내다가 회사를 떠나야만 했다.

연구소를 차리고 나서는 늘 자금 부족으로 허덕여야 했지만 정말 하고 싶은 일을 할 수 있다는 것에 만족했다. 나는 20년 동안 출판운동을 한다는 마음으로 살아왔고 많은 출판인이 도와왔다. 하지만 빚이라도 갚고 죽자는 마음으로 다시 공격적인 마케팅을 해야만 하는 처지에 놓였다. 연구소는 마케터 없이 20년을 버텨왔다. 그렇다고 무작정 사람을 쓸 수도, 자금을 확보해 공격적인 마케팅을 할 수도 없었다. 성패의 조건을 너무 잘 아는 나는 20세기로 되돌아갈 수는 없었다. 어떻게든 혼자서 해결해야 했다. 그때 떠오른 것이 '멤버십 비즈니스'였다. 40년 출판 인생이 헛되지 않았다는 생각이 들었다.

나는 독서운동도 열심히 해왔다. 2004년에 창립된 시민단체인 '학교도서관문화운동네트워크(학도넷)'에서는 초창기에 공동대표를 맡았다. 학도넷 멤버가 주축이 되어 2010년 3월에는 월간 〈학교도서관저널〉을 창간했다. 잡지야말로 정기구독자를 확보해야 운영되는 '멤버십 비즈니스'의 한 전형이다. 그러니 시대의 요구사항을 잘 읽어야만 성공할 수 있다. 그런 것을 잘 아는 나는 출판계로부터 공개적으로 창업 자금을 모은 다음, 당시 주요 독서운동 단체에 참여할 것을 종용했다. 그러나 몇 단체는 나의 진정성을 의심하며 참여를 거부했다. 심지어 개인이 '학교도서관저널'이라는 공공성 있는 제호를 사용하는 것을 비판하기도 했다.

OECD에 가입한 국가들에서는 대체로 'School Library Journal'이 출간되고 있는데 그런 잡지를 개인이 펴내는 나라는 없었다. 그러니 그런 비난이 전혀 근거가 없는 것이 아니었다. 어떤 이는 〈학교도서관저널〉 창간호에 광고가 많이 실린 것을 문제 삼으며 상업적 잡지라고 공개적으로 비난하기도 했다. 신학기에 학교마다 도서목록을 보내던 출판사들이 〈학교도서관저널〉 광고로 대체하면서 광고가 늘어난 것인데 선의를 몰라주는 것에 분통이 터졌다. 하지만 이런 비판을 의식한 나는 초창기 잠시를 제외하고는 지금까지 잡지 일에 조금도 개입하지 않고 운영만 책임졌다.

2010년에 아이패드와 스마트폰이 등장하면서 소셜 미디어는 같은 관심사를 가진 사람들을 더욱 가열하게 묶어주었다. 〈학교도 서관저널〉은 자연스럽게 독서교육을 하려는 이들을 묶어주었다. 느슨하지만 멤버십이 작동하기 시작했다. 2013년부터는 독서공 동체인 숭례문학당과 협업을 하기 시작했다. 2014년에 『이젠, 함 께 읽기다』를 펴낸 것을 계기로 더욱 협력이 강화됐다. 정기구독이 점차 늘어나자 초창기의 비판과 우려가 점차 줄어들면서 멤버십의 위력은 점점 커지기 시작했다.

독서운동이라는 대의에 동의하는 사람들과는 따로 연락을 취하 지 않아도 자연스럽게 연결될 수 있었다. 나날이 진화하는 최첨단 의 디지털 기술은 모든 영역에서 공공적 가치를 중시하는 사람들 의 연대의식을 고양해주었다. 전문가들은 새로운 소비가치를 부여 할 수 있는 좋은 수단이 되는 멤버십이 오너십 모델을 대체해 향후 비즈니스 모델이 될 것이라고 전망했다. 내가 믿을 것은 오로지 멤 버십을 활용해서 저절로 비즈니스가 이루어지는 것뿐이었다.

실제로 멤버십은 김동식 소설의 판매에 엄청난 힘이 되어주었 다. 『회색 인간』, 『세상에서 가장 약한 요괴』, 『13일의 김남우』 등 김 동식 소설집 세 권이 서점에 배본된 것은 2017년 12월 27일이었 다. 이름이 알려지지 않은 신인작가의 소설집이니 온라인서점들은 많이 받아주지 않았다. 그러나 책이 출고되자마자 서점에서는 난리 가 났다. 김동식 작가가 소설을 발표했던 '오늘의 유머' 회원들이 작 가를 후원하기 위해 구매인증 릴레이를 벌이기 시작했다. 일주일

이상 뒤에야 배본이 가능하다고 하는데도 회원들은 아랑곳하지 않았다. 팬들이 작가를 키운다는 사실이 즉시 확인되었다.

2018년 1월 2일에 출근하니 주문이 잔뜩 와 있었다. 초판 2,000질이 매진될 정도였다. 1주일 만에 3쇄에 들어가는 등 초장의 분위기는 파죽지세였다. 곧이어 많은 매체가 김동식 작가를 대서특필하기 시작했다. 덕분에 소설은 저절로 팔려나갔다. 그러나 4월에 접어들면서 초기보단 판매가 많이 줄어들었다. 특별한 대책이 필요했다. 그런데 그 일도 저절로 해결되었다. 2018년 4월 11일 오후 7시부터 관악구청 1층 용꿈꾸는작은도서관에서는 관악도서관문화관 주관으로 김동식 작가 초청 북콘서트가 열렸다. 『회색 인간』은 이미 '2018년 관악의 책'으로 선정되어 있었다. '관악의 책'은 관악구 주민이 추천하고 독서진흥문화회가 선정한다. 지금은 수많은 도서관에서 김동식 작가를 초청하지만 도서관 북콘서트에 초청된 것은 그때가 처음이었다. 이 행사가 김동식 작가의 운명을 크게 바꿨다는 것을 나중에 절감할 수 있었다. 그날의 북콘서트는 김동식 작품의 마케팅 터닝포인트를 알려주는 중요한 행사가 되었다. 그 자리에 독서운동에 매진하는 10여 명의 교사가 참석했다는 것을 나중에 알았다. 그들은 전교조 서울지부 독서분과 교사들이었다. 나는 북콘서트에 참여하지 못했다. 그러나 교사 출신의 한 독서운동가가 현장에서 행사 사진을 찍어서 보내주면서 "어디서 이런 대단한 작가를 발굴했느냐"며 요다는 앞으로 책 판매를 걱정하지 않아도 될 것 같다고 격려해주었다.

이후부터 김동식 작가를 초청하는 학교가 서서히 늘어나기 시작했는데 단순히 강연만 하는 것이 아니었다. 학생들이 책을 읽고 토론한 다음 작가를 초청했다. 여러 이벤트가 열리는 입체적인 행사들을 벌였다. 김동식 작가는 처음에는 달변이 아니었다. 그때는 강연 경험이 전혀 없어 오히려 걱정이었다. 그런데도 관악문화도서관 블로그에는 "독특하면서도 유머러스한 작가님의 멘트 덕분에 객석에서는 웃음이 자자"했다는 참가 후기가 올라왔다.

2018년 가을부터는 쉬는 날이 없을 정도로 강연 요청이 왔다. 이후 해마다 찾는 학교가 늘어났다. 코로나19로 많은 이들이 강연을 하지 못한 2020년에도 김동식 작가의 강연은 여전했다. 김동식 작가의 소설은 함께 읽고 토론하기에 너무 좋다는 경험담이 줄을 이었다. 읽어내지 못하는 사람이 없고 토론도 저절로 이루어진다고 했다. 덕분에 김동식 작가의 소설집은 지금도 순항 중이다.

〈기획회의〉는 464호(2018. 05. 20)에서 '멤버십 비즈니스'를 특집으로 꾸렸다. 당시에 출판계에서 가장 잘나가는 단행본 출판사로 길벗이나 한빛을 꼽는 사람들이 많았다. 실용성이 강한 책들을 펴내는 두 출판사는 독자와의 소통을 최우선 과제로 삼았다. 민음사, 문학동네, 창비 등 출판계를 선도하는 문학출판사들도 독자와의 상호 소통을 최고의 가치로 여겼다. 지금은 개인의 체험을 중시하는 시대다. 대량 생산한 물건을 대량 소비하는 시대도 아니다. 더구나 정보를 담은 어떤 상품보다 책은 개인의 체험을 중시한다. 그러니 멤버십 비즈니스도 달라져야만 한다. 가격 할인을 통해서 싼 가격으로 상품(책)을 팔면 그만이라는 생각을 버리고 한 번 고객은 평생 고객으로 모셔야 하는 세상이 되었다.

이슈에서 나는 「독자가 세컨드 크리에이터가 되는 시대의 멤버십 비즈니스」라는 글을 썼다. 나는 '방탄소년단'이라는 아이돌이 전 세계를 뒤흔드는 문화현상부터 언급했다. 『BTS 예술혁명』(파레시아)의 저자 이지영에 따르면 방탄소년단은 "한국사회에서 존재하는 구조적 억압, 불평등, 편견 등의 문제를 자기 시대의 눈으로 읽어내고 이로 인한 고통스러운 감정들을 음악으로 표현하면서 힘을 모아 정의롭지 않은 현실을 바꾸자고 외쳤다"고 한다. 방탄소년단의 이런 노력은 전 세계 청년들의 공감을 이끌어냈다. 팬들은 결집하기 시작했다. 방탄소년단의 팬클럽인 아미ARMY는 일방적인 소비자가 아니었다. "방탄과 팬들은 새로운 예술형식인 네트워크-이미지를 함께 생산하여 지금 시대가 요구하는 예술이라 할 수 있는 '공유가치'를 제시"했다. 이전처럼 "예술가가 생산한 작품을 수용자가 단순히 받아들이는 방식이 아니라 예술의 생산자와 소비자의 경계가 끝없이 가로질러지면서 네트워크와 작품의 경계가 유동적으로 변하는 예술 생산의 형식 속에서 예술가와 수용자가 함께 생산하고 실현해나가는 것이 공유가치"인 법인데 방탄소년단과 아미는 그런 가치를 가장 모범적으로 제시해주었다.

김동식 작가는 자신의 손에 스마트폰이 주어지자 '오늘의 유머' 사이트에 들어가서 공포·괴기물을 읽기 시작했다. 그러다가 직접 써보기로 결심했다. 네이버에서 검색을 통해 '소설 쓰는 법'을 어설 프게나마 터득한 그는 글을 올리기 시작했다. '오늘의 유머' 이용자들은 김동식이 올린 소설에 댓글을 달면서 개연성이나 맞춤법 등에 이의를 제기했다. 김동식은 댓글을 달아주는 독자들을 스승으로 삼아 지금까지 700여 편의 소설을 썼다. 김동식이 작가로 인정받게 되는 과정은 방탄소년단이 전 세계 청년들의 마음을 휘어잡는 구조와 닮아 있다. 가난하게 자란 것, 솔직한 것, 직접 창작을 한다는 것, 사회적 비판의식이 녹아 있다는 것, 팬들의 지원으로 성장했다는 것 등이 그대로 닮았다.

나는 자연스럽게 21세기형 마케팅에 적응하기 시작했다. 산업혁명 이후 거대한 회사가 물건을 대량 생산하여 전 세계로 파는 것이 유리했다. 회사조직이 클수록 마케팅 전략을 다양하게 펼치면서 대량 생산한 물건을 효율적이고 합리적으로 팔기가 쉬웠다. 20세기까지는 생산자와 소비자의 구분이 분명했다. 생산자인 기업은 대량으로 만든 물건을 되도록 많은 소비자에게 판매하고 보다 큰 이익을 내려는 것이 경제 활동의 근본이었다.

새로운 출판의 문을 열고 싶다면

그러나 21세기에는 과거의 프레임이 무너지기 시작했다. 이제는 소비자(독자)가 생산자(작가)가 되는 세상이다. 독자의 마음을 한순간에 휘어잡을 수 있는 콘텐츠가 아니면 아무리 마케팅을 해도 판매가 어려운 세상이 되었다. 과거에는 생각이 같은 사람을 모으기가 어려웠다. 그러나 지금은 순식간에 모을 수가 있다. 물론 개인이 할 수 있는 일에는 한계가 있다. 그러나 같은 뜻을 가진 사람들이 모여서 규모를 점차 늘려나간다면 결국 무슨 일이라도 할 수 있게 된다. 그러니 출판사가 영속적으로 운영되게 하려면 뜻이 같은 사람들부터 모을 필요가 있다. 멤버가 늘어날수록 모든 역량은 커질 수밖에 없다.

정보기술은 같은 생각을 가진 사람을 SNS를 통해 얼마든지 확보할 수 있도록 만들었다. 모든 것이 연결되는 '초연결사회'는 직접 만나지 않아도 클라우드에 방 하나만 만들면 회사를 꾸릴 수 있는 세상이다. 코로나19는 이런 세상이 왔다는 것을 모든 이들이 깨닫게 만들었다. 회의는 클라우드나 카카오톡 등을 이용해 얼마든지 할 수 있다. 시공간의 혁명이 벌어진 세상에서 멤버는 수시로 얼마든지 교체될 수 있다. 멤버들은 집단지성을 이룰 수도 있다. 그런 사례는 『교사가 진짜 궁금해하는 온라인 수업』(손지선 외, 학교도서관저널)이 책으로 나온 과정에서도 확인할 수 있다. 팬데믹 상황이 오면서 11명의 교사들은 자신의 경험을 책으로 펴내기로 했다.

그들은 클라우드로 접속해서 수많은 토의를 하면서 원고를 완성해 나가기 시작했다.

집필에 앞서 가장 먼저 온라인 수업에 대한 현장 교사들의 목소리에 귀를 기울였다. 전국의 학교 교사 약 4만여 명을 대상으로 설문조사를 실시했다. 온라인 수업에 대한 걱정과 우려, 그리고 기대와 희망이 섞인 교사들의 생생한 응답을 바탕으로 내용을 주제별로 분류하고 정리하면서 공동 집필에 들어갔다. 공동저자들은 매주 두 차례 이상 모여 의논하고 서로의 글에 대한 피드백을 주고받으며 원고를 완성해갔는데 이 모든 과정은 클라우드와 화상회의를 통해 비대면으로 이루어졌다. 이 책은 역사상 초유의 온라인 개학으로 어려움을 겪는 교사들에게 도움과 용기를 주었다. 책은 순식간에 5쇄를 찍을 정도로 인기를 끌었다. 하지만 책이 많이 팔린 것 이상으로 중요한 것은 젊은 교사들이 집단지성을 통해 공교육 변화의 불씨를 마련했다는 점이다.

이 사례는 새로운 출판의 문을 활짝 여는 일이기도 하다. 그동안 우리는 무슨 일을 벌일 때마다 '단톡방'부터 만들고 의견을 모았다. 클라우드를 이용한 책 집필은 그런 시스템이 제대로 확장된 것이라 할 수 있다. 앞으로 편집자들은 엘리트 저자만 찾지 않을 것이다. 빛의 속도로 변하는 세상에서 한 사람이 할 수 있는 일에는 한계가 있을 수밖에 없다. 아무리 뛰어난 교육학자라도 지금 온라인 수업에 대한 책을 빨리 써낼 수는 없다. 현장에서 직접 아이들을 가르치는 교사들은 집단지성을 모아 빨리 써낼 수 있었다. 젊은 교사들이 새로운 시대에 적합한 사고를 한 것이다.

클라우드를 통해 집단지성이 작동한 이 사례야말로 앞으로 출판의 새로운 가능성을 열어가는 모범적인 사례라 할 수 있다. 지금은 속도 전쟁의 시대다. 이런 시대에는 남보다 빨리 콘셉트가 확실한 책을 펴내면 마케팅을 따로 하지 않아도 좋은 결과를 도출할 수 있다.

〈기획회의〉 464호 특집 '멤버십 비즈니스'에서 나는 일본의 유명 개그콤비 '킹콩'의 니시노 아키히로를 사례로 들었다. 그는 개그맨이면서 이미 동화책을 세 권 펴낸 중견 동화작가였다. 그는 어느 날 혼자 그림책을 그리는 시스템에 대해 의문을 품었다. 그래서 그림을 구성하는 하늘이나 건물 등 각 장면을 가장 잘 그릴 수 있는 35명의 아티스트를 모았다. 이른바 '그림책 분업제'라는 기상천외한 아이디어가 탄생했다. 그는 크라우드 펀딩으로 1,000만 엔을 모아 목표 금액을 달성했다. 그렇게 해서 만들어진 그림책『굴뚝마을의 푸펠』(소미미디어)은 50만 부 이상 팔렸다.

니시노는 자신과 아무 인연도 관계도 없는 불특정 다수의 소비자를 대상으로 책을 팔 생각은 없었다고 했다. 그는 '최소 두 권은 팔겠다'는 각오였다고 한다. 두 권을 살 사람은 니시노 자신과 담당 편집자. 발상은 그렇게 시작됐지만 사고는 비약할 수밖에 없었다. 그는 '관계자가 두 명이면 두 권 팔린다는 것은 관계자가 100만 명이면 100만 부 팔린다는 거 아닌가?'라고 생각했다. 즉 저자를 베스트셀러 작가로 만드는 것은 '얼마나 소비자에게 판매할까'가 아니라 '얼마나 관계자를 늘릴까'의 문제라고 발상을 전환해 책을 써서 이익을 내기 위한 개념을 바꾼 것이다.

그는 관계자들을 '세컨드 크리에이터'라고 부르며 "앞으로는 크리에이터나 세컨드 크리에이터만 남게 될 것"이라고 말했다. 그것은 앞으로는 '모두가 크리에이터가 되는 시대'가 된다는 뜻이기도 하다. 이것은 누구나 무언가를 만드는 데 참가하는 시대가 된다는 것이기도 하다. 생산자와 소비자의 구별이 무의미한 시대가 된다는 것을 모르는 사람이 과연 있었던가! 누구나 '좋아하는 일'을 발견하면 자신의 재능을 최대한 살릴 수 있는 사람을 모아 '밴드'부터 만들어야 한다. 그리고 '좋아하는 일'을 점점 늘려서 활동의 폭을 넓혀나가야 한다. 그렇게 해서 조금씩 '좋아하는 일만 해나간다'를 실현해가는 것이 미래 멤버십 비즈니스의 진정한 모습이 될 것이다.

기술은 1인출판을 가능하게 만들었다. 그런 시대에 출판의 꿈을 가진 개인이 대형출판사에 취업할 필요가 있을까. 그리고 좋은 책의 아이디어를 가진 사람이 대형출판사에 원고를 가져갈 필요가 있을까. 아직까지는 그런 일이 편할지 모르겠다. 하지만 니시노처럼 새로운 발상으로 프로젝트 밴드를 만들어 정말 마음이 잘 맞는 사람과 즐겁게 놀면서 자기 힘으로 책을 만들어 최고의 성과를 올릴 수 있는 세상이 도래했다. 그렇다면 지금도 잘나가는 대형출판사는 어떻게 변해야 할까. 전문성을 가진 조직으로 쪼개야 하지 않을까. 과거의 신문사 조직처럼 구성원이 모든 부서를 넘나들면서 다양한 일에 관심을 갖게 하기보다는 최상의 크리에이터를 모을 수 있는 밴드를 내부에 되도록 많이 만드는 것이 중요하다. 그리고 그런 조직이 성공하려면 반드시 공유의 개념이 도입되어야 한다. 각자 다른 직업을 가지면서도 프로젝트별로는 뭉쳐서 결과물을 만들어내고 이익을 공유하는 조직이 될 필요가 있다.

그렇다면 출판 창업의 꿈을 가진 사람들은 무엇부터 해야 할까. 『13의 미래지도』의 저자인 가쿠다 요이치로는 자신의 책에서 천재 주변에 있으면서 함께 작품을 창조하는 사람들이 세컨드 크리에이터라고 말했다. 그는 "(어떤 직종에서도) 자신에게 뛰어난 재능이 없어도 세컨드 크리에이터로서 재능 있는 사람을 지탱해주고 함께 일을 하면 되는 것이다. 사실은 세컨드 크리에이터가 없으면 어떤 천재라도 작품을 세상에 내놓을 수 없다. 세컨드 크리에이터는 퍼스트 크리에이터인 천재와 같은 정도로 필요 또는 중요한 존재다. 다만 '좋아하는 일'이 없는 사람은 천재와 함께 작품을 창조하는 일에 참여할 수 없다. 음악을 싫어하는 사람은 밴드 멤버가 될 수 없다. 그것은 어떤 장르에서도 마찬가지"라고 했다.

프로슈머의 세상에서 독자는 검색만으로도 가히 생산자 수준의 지식을 갖출 수 있다. 그런 면에서 그의 주장은 설득력이 있다. 그의 말은 이어진다. "물론 세계적인 영향력이 있는 큰 조직에서 일정 기간 공부하는 것은 의미가 있으므로, 거기서 충분히 공부하는 시기도 있으면 좋다. 어느 쪽이든 재능으로 먹고사는 일이 전제인 사회가 된다. 따라서 나는 취직 활동을 그냥 하기보다는 고등학생이나 대학생일 때, 밴드를 조직하라고 말하고 싶다. 음악을 하고 싶어 하는 사람이 밴드를 만드는 것처럼 자기가 하고 싶은 일을 하기 위해 밴드를 되도록 빨리 조직해 좋아하는 활동을 시작하는 것이 가슴 설레는 일의 방식으로 연결된다고 생각한다."

우리는 모든 '독자가 바로 저자의 능력을 갖춘 크리에이터'라는 마음으로 책을 만들어야 한다. 그런 자세로 책을 만들지 않으면 단 한 권의 책도 팔 수 없을 테니까. 확실히 세상은 바뀌었다. 곧 공교육조직도 모두 무너질지 모른다. 그런 세상에서는 책을 읽고, 함께 토론하면서 서로의 차이를 느끼고, 그렇게 해서 확보된 상상력으로 자신의 생각을 정리한 글을 쓸 수 있는 사람이면 어떤 자리에서도 살아남을 수 있다. 그러니 출판은 새로운 기회를 맞이했다. 새로운 기회 중 가장 강력한 하나가 '멤버십 비즈니스'임은 두말할 필요가 없다.

10 ── 출판사가 20년을 버티려면 어떤 능력부터 갖춰야 할까?

출판 창업은 너무나 쉽다. 시·군·구청에 가서 출판사 등록만 하면 된다. 그러나 출판사를 계속 유지하기가 쉽지 않다. 1년에 신간을 한 권도 펴내지 못하는 출판사를 출판사라고 말할 수 있을까? 하지만 그런 출판사가 언제나 80%가 넘는다. 그리고 창업 후 3년을 버티는 출판사마저 찾아보기 어렵다. 더군다나 20년을 유지하는 일은 매우 어렵다. 하긴 모든 업종에서 20년을 넘기는 회사는 극히 소수이다. 그런데도 최근 10년이 넘도록 한 해에 3,500개 이상의 출판사가 새로 태어나고 있다. 그런 출판사들이 희망을 품으려면 어떻게 해야 할까? 과연 출판에 미래가 있기는 한 것일까?

팬데믹 시대, 출판의 미래

코로나19 감염자가 처음 발견된 지 1주년을 맞이하는 시점에 코로나19 확진자는 1억 명을 넘어섰다. 세계 인구의 약 80분의 1이 고통을 겪었다. 그 시점에 사망자는 215만 명을 넘어섰다. 하지만 언제 종식될지 아직 가늠하기가 어렵다. 백신 접종이 시작되면서 희망을 이야기하는 분위기가 없지 않지만, 변종 바이러스의 출현이 사태를 더욱 악화시킬지도 모른다는 두려움이 다시 우리를 엄습하고 있다. 그러는 사이에 세계 경제는 침체의 늪에 빠져들었다. 중국을 제외하고는 모두 마이너스 성장을 기록했는데 우리나라는 상대적으로 양호했다.

국내의 문화시장은 초토화되다시피 했다. 앞을 내다볼 수 없을 지경이다. 그런데도 출판은 상대적으로 선방을 했다. 오프라인서점들은 많은 어려움을 겪었지만, 온라인서점의 매출은 30% 내외로 크게 성장했다. 일부 대형출판사들은 30% 내외로 매출이 늘어났다지만 중소형 출판사들은 많은 어려움을 겪었다. 전체적으로 종이책은 어려움을 겪었지만, 전자책이나 오디오북 등은 약진했다. 어쨌든 출판은 코로나19와 같은 감염병이 장기화하더라도 방향만 잘 설정하면 안정적인 성장을 구가할 수 있다는 사실을 확인한 것만은 분명하다.

출판이 다른 문화영역에 비해 선방할 수 있었던 것은 유통시스템 때문이었다. 이미 20년 이상의 역사를 가진 온라인서점은 하루

배송이 가능한 시스템을 갖추고 있었다. 쿠팡이 도입한 새벽 배송도 매출을 늘렸다. 이렇게 발달한 택배 시스템이 생산자와 소비자를 직접 연결했기에 출판뿐만 아니라 한국 경제도 최악의 파행은 피할 수 있었다.

디지털 기술도 출판에 유리하게 작용했다. 디지털 기술은 개인이 역량을 발휘할 수 있게 만드는 방향으로 발전해왔다. 초연결사회의 편집자가 스마트폰 하나로 모든 일을 할 수 있는 세상이 이미 도래한 것이나 마찬가지다. 코로나19로 많은 이가 고통을 겪는 와중에도 출판 분야 종사자들은 희망적인 미래에 대한 기대를 품어도 된다고 확신하게 됐다.

나는 우리가 출판의 미래를 긍정적으로 봐도 된다고 강조해왔다. 다만 독자 확보가 문제였다. 그래서 나는 독서운동을 벌이려고 2010년에 〈학교도서관저널〉을 창간했다. 해마다 적자였던 이 잡지를 하루아침에 흑자구조로 만들어준 것은 알파고였다. 알파고가 이세돌과 바둑을 다섯 판 둔 2016년에 〈학교도서관저널〉은 최초로 흑자를 냈다. 알파고의 등장은 바로 '학력'이 아닌 '상상력'(달리 말하면 학습력)이 개인의 미래를 열어줄 것이라는 점을 확실하게 일깨워주었다.

인공지능 알파고가 인간 이세돌을 이긴 첫날, 나는 한 기관에서 출판입문자들에게 '인공지능이 발달해도 출판 편집자는 살아남는다'는 제목으로 3시간 특강을 했다. 기술은 앞으로 인간의 두뇌마

새로 쓰는 출판 창업

저 대체해나갈 것이다. 그런 세상에서 시험을 잘 봐서 안정적인 직업을 차지한 사람들은 점점 어려워질 것이다. 의사, 법조인, 언론인 등 지금 잘나가는 직업을 가진 이들은 점점 힘들어지겠지만 편집자는 미래가 활짝 열릴 것이라고 보았다. 5년이 지난 지금은 어떤가? 아직 현실 착시가 있긴 하지만 시험만 잘 봐서 좋은 일자리를 차지한 사람들은 불안한 미래로 이미 고통받고 있다.

〈동양경제〉 온라인 편집장이었던 사사키 노리히코(현 〈뉴스픽스〉 편집장)는 『5년 후 미디어는 돈을 벌까?』에서 미디어 세계에서 일어나는 일곱 가지 큰 변화를 제시했다. ① 종이가 주역에서 디지털이 주역으로, ② 문과 인재의 독점에서 이과 인재도 참가로, ③ 콘텐츠가 왕도에서 콘텐츠와 데이터가 왕도로, ④ 개인보다 회사에서 회사보다 개인으로, ⑤ 평등주의 + 연공서열에서 경쟁주의 + 대우는 천차만별로, ⑥ 필자는 저널리스트에 한정되던 것에서 독자와 기업 모두가 필자로, ⑦ 편집과 비즈니스의 분리에서 편집과 비즈니스의 융합으로 바뀐다는 것이었다.

그의 지적대로 개인이 역량을 맘껏 발휘할 수 있는 환경이 조성된 디지털세계에서는 콘텐츠와 비즈니스가 점점 융합되고 있다. 페이지뷰나 공유 횟수가 많은 기사, 독자를 유료회원으로 이끄는 글, 광고라는 것을 뻔히 알면서도 클릭하게 만드는 콘텐츠, 자발적으로 원고료를 기부하게 만드는 감동적인 기사 등이어야 살아남는 세상이 되었다. 미래에는 이렇게 '편집과 비즈니스'를 동시에 배려

하는 콘텐츠여야 주목을 받을 것이다. 요즘 미디어에는 기사와 광고를 구별할 수 없는 글들이 많아졌다. 짧은 영상 콘텐츠를 보려면 광고부터 봐야 한다. 그런 콘텐츠로 소비자의 마음을 움직이려면 기업이 진정으로 요구하는 바를 제대로 반영해 편집의 힘으로 재미있게 만들어내야만 한다. 그런 콘텐츠를 만들어 낼 수 있는 편집자라면 미래가 활짝 열릴 것이다.

　과거에 기업들은 언론인들을 홍보책임자로 많이 영입했다. 그러나 앞으로 기업들은 단순하게 사실을 알리는 일을 하는 사람보다 편집의 힘으로 소비자를 설득할 수 있고 콘텐츠를 생산할 수 있는 능력자를 찾게 될 것이다. 유튜브 영상만 해도 그렇다. 웃고 즐기는 가운데 자연스럽게 신뢰감을 갖게 만드는 콘텐츠는 아무나 만들 수 있는 것이 아니다. 다양한 사람과 아이디어를 조합해 새로운 기획을 만들어내고 그것을 책이라는 형태로 구현하는 일을 하는 편집자라면 이런 일을 잘 수행할 수 있다.

　그런 의미에서 실력 있는 편집자는 일류 비즈니스 크리에이터가 될 소질을 갖추고 있다고 보아도 좋다. 종이와 디지털이 공존하면서 치열하게 경쟁하는 세계에서 취할 것은 빠르게 취하고 버릴 것은 과감하게 버리면서 콘텐츠와 광고와 테크놀로지를 연결한 최고의 조합을 찾아낼 줄 아는 편집자의 미래는 저절로 열린다고 볼 수 있다.

종이책의 가능성, 일본의 신서

편집자만이 미래가 있을까? 편집자가 최고로 역량을 발휘할 수 있는 것은 책이다. 종이책 출판에 디지털 기술을 도입해서 대단한 성공을 거둔 소스북스의 최고경영자 도미니크 락카는 2016년 프랑크푸르트 도서전에서 '사업을 종이책으로 전환하라!'라는 주제로 발표했는데, "종이책은 하나의 사회적 주장이자 관점이며, 한 사람이 자신을 표현하는 방식"이라고 말했다. 앞으로 디지털 기술을 활용해 종이책의 장점을 키우는 방법론만 확실하게 확보한다면 출판사의 미래는 활짝 열릴 것이다.

책의 형태나 정의는 점점 바뀔 것이다. '검색형 독서'가 대세가 된 상황에서 단순하게 정보만 제공하는 책은 살아남기 어렵다. 정보의 저장과 재생이 쉽게 이루어지니 인간이 일부러 기억할 필요도 없다. 궁금한 게 있으면 도서관이나 서점으로 달려갈 필요도 없이 스마트폰으로 바로 인터넷에 접속해 해결한다. '정보를 얻는 능력'은 누구나 쉽게 취득할 수 있다. 하지만 누구나 할 수 있는 일은 개인에게 아무런 장점도 되지 않는다. 그러니 인간은 이제 그 이상의 능력을 갖춰야 한다. 책이 생존하는 방안은 꾸준히 새롭게 제공되고 있다.

21세기의 출판에서 확실하게 확인된 방안 중 하나는 저널리즘과 아카데미즘이 결합하는 것이다. 새로운 인간형은 정보를 생산하기 위한 기본적인 능력, 즉 남다른 상상력을 발휘하는 사람이다.

그런 사람이어야만 세상을 주도할 수 있다. 그런 상상력은 주로 책을 통해서 키워진다. 책의 위기가 꾸준히 제기되었지만 그럴수록 책의 중요성은 오히려 강조되기 시작했다.

새로운 책에 담기는 지식은 단순한 정보의 나열이 아니어야 한다. 우리에게 필요한 것은 인류학자 레비스트로스가 말한 '브리콜라주bricolage'적인 지식이다. 프랑스어인 브리콜라주는 '여러 가지 일에 손대기' 등으로 번역이 되는데, 바로 눈앞에 있는 것들로 필요한 무엇인가를 만드는 작업을 가리키는 말이다. 브리콜라주는 개인이 즉각 동원할 수 있는 것들로 필요한 무엇인가를 만들어내는 지식이다. 이게 바로 역량이다. 이걸 달리 말하면 큐레이션이기도 하고 편집력이기도 하다. 강상중은 『고민하는 힘』(사계절)에서 "나는 그것(브리콜라주)을 확대해석해서 중세 시대의 크래프트craft적인 숙련, 또는 신체감각을 통한 지知의 본래 모습까지 넓혀보는 것이 어떨까 생각"한다며 이 지식의 중요성을 일깨웠다. 여기서 지식인의 역할이 새삼 드러난다. 인터넷의 등장 이후 무료 정보가 기하급수적으로 늘어나면서 대중은 저널리즘과 아카데미즘이 결합해서 설득력 있는 방안을 제시하는 글을 절실하게 필요로 했다.

이런 글은 어떻게 쓸 수 있을까? 나는 2001년에 펴낸 『디지털 시대의 책 만들기』에서 "미래의 책은 절대적인 시간과 심리적인 여유와 시행착오를 대신하는 것이어야 한다"고 했다. 지금 정보의 폭발은 심각한 수준이다. 2030년이면 3일마다 정보의 양이 두 배로 늘어난다. 이미 인간이 알아야 할 기본적인 정보는 넘치고 있다. 인간은 필요한 정보를 대부분 검색으로 해결하고 있다. 하지만 검색만으로도 너무 많은 정보가 쏟아져 나와 그중 신뢰할 수 있는 정보를 찾아야 하는 어려움에 직면했다. 게다가 누구나 접하는 '사전형 정보'는 빨리 갈 길을 찾아야 하는 사람들에게 이정표가 되지 못한다.

그러니 인간이 궁금해하는 주제의 책을 쓰기 위해서는 수많은 정보를 읽어보는 절대적인 시간이 필요하다. 그에 대한 정보의 존재는 쉽게 확인된다. 그러나 시간이 없는 사람은 읽어보기가 어렵다. 그리고 수많은 자료를 읽어보려면 심리적인 여유가 있어야 한다. 성질이 급한 사람은 버틸 수가 없다. 그리고 핵심을 연결해 결론을 내리려면 수많은 시행착오를 거쳐야 한다. 그렇게 해서 영화 한 편 볼 만한 시간에 읽어낼 수 있는 책을 펴내어서 독자가 상상의 나래를 맘껏 펼칠 수 있게 해야 한다. 물론 풍성한 이야기를 담아야 하는 것은 불문가지다.

빛의 속도로 변하는 세상에서 그런 책은 준비된 사람이 아니면 쓰기가 어렵다. 시의성이 있는 주제에 대해 큐레이션을 통해 빠르게 이야기해줄 수 있는 필자를 확보하기가 쉽지 않다. 그래서 풍부한 데이터베이스를 확보한 필자와의 협력이 필수적이다. 시의성이 있는 주제에 대해 큐레이션을 통해 남보다 빨리 이야기해줄 수 있는 필자를 확보하는 것이 출판사에서는 최우선으로 해야 할 일이 되고 있다.

그런 면에서 우리는 일본 신서의 변화에서 교훈을 얻을 수 있다. 일본 신서의 원조인 이와나미岩波신서는 1938년에 "현대인의 현대적 교양"을 제공하는 목적으로 창간됐다. 이후 1962년에 창간된 주코中公신서와 1964년에 창간된 고단샤 현대신서와 함께 3대 교양 신서로 불린다. 이 신서들이 흥행한 배경에는 1947년에서 1949년 사이에 폭발적으로 태어난 단카이 세대가 있었다. 1960년대에 격렬한 학생운동을 경험한 그들은 고도 성장기의 주역이었다.

그들은 주로 고전적 지식을 담은 '문고'나 "현대인이 알아야 할 현재의 문제를 현재의 저자를 통해 생생하게 다루고자 했던 저널리즘 성격이 강한 출판물"(문연주, 「일본 출판계 흐름이 던져주는 시사점」, 〈기획회의〉 215호)인 신서에서 지적 자양분을 얻으며 성장했다. 단카이 세대는 누구보다 책의 가치를 잘 아는 세대여서 20세기 말에 그들은 일본 출판시장을 견인하는 주 독자층이었다.

이와나미신서가 추구했던 '현대적 교양'은 고등교육기관의 수가 늘고, 대학과 전문대학 진학률이 30%를 넘고, 사회 전체가 도시화해 고도소비사회로 재편성되어가는 1970년대 이후 무너지기 시작했다. 뉴아카데미즘으로 막을 연 1980년대에 이미 "책이 안 팔린다"라는 말이 표면화되었으며, 1990년대에 들어 거품경제가 붕괴한 뒤 '잃어버린 10년' 동안 신중간층은 급격하게 해체되었다. 그 이후 교양의 쇠퇴와 더불어 인문서가 팔리지 않자 출판사는 실용성이 강한 다양한 분야의 신서에 매진하기 시작했다. 주요 출판사 중에서 신서를 창간하지 않는 출판사가 없을 정도였다.

일본의 출판은 원래 '잡고서저雜高書低'였다. 늘 단행본보다 잡지가 강세였다. 잡지는 언론의 역할을 자임했다. 그런 잡지들은 한 사건을 이해하는 실마리를 화두로 삼아 철저한 취재를 통해 전모를 드러내고 어떤 방향성을 제시하는 논픽션 작가들을 거느려야만 했다. 다치바나 다카시가 〈분게이순주文藝春秋〉 1974년 11월 호에 「다나카 가쿠에이 연구—그 금맥과 인맥」을 발표해 다나카 내각을 붕괴시킨 '논픽션의 혁명' 이래 잡지에 발표한 논픽션의 글 하나가 일본 열도를 크게 흔드는 일이 자주 발생하다 보니 논픽션의 위세는 하늘을 찔렀다.

논픽션 라이터를 키울 수 있었던 것은 발달한 잡지 문화 덕분이었다. 잡지는 늘 사람의 가슴을 뒤흔드는 '이야기'에 목말라했다. 수없이 터지는 '사건'의 중심에는 일반인의 상식을 뛰어넘는 어떤 '문제적 인간'의 매우 특별한 실존적인 고민이 놓여 있게 마련이었으며, 그 '사람'의 고민의 계기가 되는 어떤 '사물'이 존재하는 경우가 많았다. 이 '사람'과 '사물'과 '사건'을 잘 연결하여 인간의 빼도 박도 못하는 심리를 뒤흔드는 것이 논픽션의 매력이자 출발점이었다.

잡지에 발표된 원고들은 보충 취재를 거쳐 단행본으로 출간되어 베스트셀러가 되는 경우도 많았다. 책으로 출간되는 논픽션은 주로 당대 사회의 문제를 고발하는 르포와 다큐멘터리, 감동적인 이야기를 담은 성공담과 실패담, 자서전과 고백 수기, 소비자 체험기, 기행문, 사회적 어젠다를 담은 평론 등이었다. 이렇게 논픽션의 영역은 넓고도 깊었다.

논픽션의 시장성이 컸기 때문에 안정적인 생활을 누리는 논픽션 작가들이 모든 영역에서 다양하게 활동했다. 일부 논픽션 작가들은 픽션 작가 이상의 인기를 누리며 어젠다 메이커로 통했다. 기록과 조사의 나라로 평가받는 일본은 충분한 자료조사와 발품을 파는 현장 취재, 문제의 본질이 드러날 때까지 이어지는 인터뷰를 통해 수준 높은 논픽션을 생산하는 저자층이 두껍다 보니 출판이 안정적인 성장을 이룰 수 있었다.

일본 출판의 강점은 '신서'와 '문고'라는 데이터베이스였다. 서점에 들어가 어떤 주제어라도 검색하면 그에 합당한 책을 찾을 수 있었다. "저렴한 가격, 간편함, 내용의 전문성, 간결성, 충실한 라인업, 다양성" 등이 장점인 신서는 버블 붕괴 시기에 큰 역할을 했다. 잡지와 서적의 중간 형태인 신서는 특히 논픽션시장을 주도했다. 잡지보다 시의성이 다소 떨어지더라도 출퇴근하는 평범한 회사원들이 궁금해하는 현실의 시사적 주제와 경쟁이 치열한 현실을 이겨나가는 데 필요한 기초 교양을 충실하게 다룸으로써 시장성을 키웠다. 그들이 관심을 가지는 주제라면 모두 다뤘기에 매우 다양한 책을 펴낼 수 있었다.

20세기가 저물 무렵에 이와나미신서는 학술서를 베이스로 한 실용 서적 장르로 새로운 활로를 모색했다. 에이 로쿠스케의 『대왕생』은 어떻게 하면 잘 죽을 수 있는가를 쉽게 풀어낸 책이었다. 편집자는 저자가 TV에 출연해 '죽는 방법'을 강의하는 것을 보고 이 책을 기획했다. 이 책은 지식이 아닌 지혜를 알려줘 노년층의 호응을 얻었고, 사례 중심으로 쓰여 읽기 쉬웠으며, 단순한 재미나 달변이 아닌 확실한 주장을 담았기에 성공했다는 평가를 받았다. 이 책의 성공 이후 에이 로쿠스케의 책은 무조건 초판 10만 부를 찍어야만 했다.

지금도 이런 저자를 만나 꾸준히 책을 펴낼 수만 있다면 출판사는 안정적인 성장을 구가할 수 있다. 이후 이와나미에서 역대 판매 2위를 차지한 『일본어 연습장』도 실용성이 가미된 학술서였다. 이 책은 인터넷의 등장으로 글을 쓸 기회가 많아진 대중에게는 구체적 쓰임새가 컸다. 이와나미의 한 기획자는 학술서와 실용서가 따로 분리되어 갈 것이 아니라 두 장르가 융합한 형태인 학문을 베이스로 한 실용서 장르가 아니면 살아남기 어렵다는 주장을 펼치기도 했다.

편집자의 능력은 어떻게 판단할 수 있나

2003년에 일본의 신서는 절정을 달리기 시작했다. 신초샤에서 간행한 『바보의 벽』(요로 다케시)과 『국가의 품격』(후지와라 마사히코)은 두 책을 합해 700만 부나 팔렸다. 두 책의 엄청난 성공으로 인해 신초신서는 창간 3년 만에 1,000만 부를 돌파하는 기염을 토했다.

일본 출판계는 1997년 이후 10년 넘게 마이너스 성장을 한 탓에 2000년대 중반에는 위기감이 무척 컸다. 서적보다 강세였던 잡지의 판매부수가 대부분 절반 이하로 줄어들었다. 전 세계적인 베스트셀러인 '해리 포터' 시리즈가 아니었으면 서적 또한 급격한 매출 하락을 피할 수 없었을 것이다. 이런 시기에 '신초신서'의 성공은 많은 시사점을 안겨주었다.

대표적인 것이 글의 서술이었다. 『바보의 벽』은 요로 다케시가 쓴 글이 아니라 '말한' 것을 편집자가 정리해서 저자의 허락을 받아 책으로 펴낸 것이다. 이 책의 성공에 고무된 편집자는 매우 바쁜 후지와라 마사히코의 사정을 감안해 2시간의 강연을 두 차례 요청했다. 2시간 강연을 풀면 대략 200자 원고지로 200매가 된다. 『국가의 품격』은 그 강연을 정리해 책으로 펴낸 것이다. 일본의 신서는 400매~500매 정도 분량이니 강연을 풀고 도표와 사진, 서문과 차례, 찾아보기 등을 추가하면 거뜬하게 한 권의 책이 완성되었다.

두 책이 성공하자 일본에서는 편집자의 능력을 판단하는 기준이 달라졌다는 우스개가 나왔다. 과거에는 유명 저자의 집에서 화장실 문고리를 몇 번이나 잡아보았는지가 판단 기준이었다. 유명 저자와 친해서 술까지 얻어 마시며 저자의 집 화장실을 자주 들락거릴 정도라면 저자로부터 글을 잘 받아낼 수 있는 편집자이기 때문이다. 그러나 두 책의 성공으로 저자에게 말을 잘하게 하는 능력,

즉 '북 앵커' 능력이 있어야 실력 있는 편집자로 인정받을 수 있게 되었다. 사실 말을 그대로 풀어놓으면 글이 되는 '스피커 라이터'가 없지 않다. 그런 능력을 갖춘 이로부터 시의성 있는 주제에 대해 구체적인 사실을 예시하며 이야기성 있는 말을 잘하게 하는 것이 편집자의 지상 과제 중 하나가 되었다.

하지만 일본의 신서는 단카이 세대가 은퇴하면서 추락하기 시작했다. 일본출판과학연구소의 조사에 따르면 논픽션계 신서시장은 축소로 전환하였고, 2012년의 시장규모는 198억 엔으로 전년보다 14%나 감소했다. 2012년은 단카이 세대가 65세 정년을 맞이한 해다. 2014년 '고단샤 현대신서' 창간 50주년을 기념해 펴낸 소개 책자에서는 이런 소식을 전하면서 "과연 미래는 어떻게 될 것인가"라며 불안한 모습을 감추지 않았다.

일본의 신서는 '신초신서'가 돌풍을 일으키던 시기에도 이미 상황이 좋지 않았다. 고단샤에서 인문서 편집자로 일하다 정년퇴직을 한 와시오 겐야는 〈책과컴퓨터〉 2005년 봄 호에 실린 좌담 「일본 출판업 이대로 좋은가, 나쁜가?」에서 "지금의 신서는 원고를 넣는 용기에 불과해요. 제가 '고단샤 현대신서'를 편집하던 시절은 중판과 신간의 매출 비율이 제일 좋을 때 7대 3이었습니다. 그러다 어느샌가 5대 5가 되었고 지금은 2대 8 정도. 신서의 간행 종수는 10년 전의 4~5배, 혹은 그 이상인지도 모르지만, 매출은 하락하고 있죠. 그러니 '이와나미 액티브신서'나 '마루젠 라이브러리'가 쇠퇴해버렸어요. 이런데도 신서가 계속해서 창간되는 이유는 창간해서 서가가 생기기까지 걸리는 1년간은 반품이 없기 때문입니다. 그 사이에는 이런 돈 되는 장사가 어디 있나 싶지만 2, 3년이 지나면 반품이 한꺼번에 돌아와서 곤란해지죠"라고 발언했다. 신간을 펴내야만 출판사가 굴러가는 '자전거식 조업'의 가장 전형적인 사례가 신서였던 셈이다.

일본은 인터넷의 등장과 스마트 시대의 도래를 거치면서 출판업 자체가 위기를 겪기 시작했다. 문제는 속도였다. 논픽션 작가가 특종을 심층보도를 해놓으면 카메라 앵글이 바로 현장을 쫓아가 심층보도를 하기 시작했다. 이런 보도는 인터넷을 통해 즉각 확산되었다. 인터넷에서 시의성 있는 '무료 정보'가 실시간으로 화제를 끌다 보니 잡지는 급격한 침체를 겪기 시작했다. 1997년 이후 10년 만에 잡지의 판매부수가 절반 이하로 줄어들자 폐간(휴간)하는 잡지가 속출했다.

잡지의 위기는 곧 논픽션 작가의 위기였다. 논픽션 작가들은 위기를 뚫는 돌파구로 신서를 펴내기 시작했다. 일부 잡지사도 위기 돌파의 수단으로 신서를 선택했다. 보통 잡지에는 특종이 200자 원고지 200매 정도의 특집 기사로 실렸다. 일본의 신서는 대략 400매~500매의 글이 실린다고 했다. 그러니 작가들은 논픽션을 잡지에 발표하지 않고 곧바로 책으로 펴냈다.

신서는 문고와 판형이 비슷하지만 문고가 소설이나 '철 지난' 베스트셀러를 가격을 낮춰 대중용으로 재출간한 것이 대부분이라면 신서는 잡지와 학술서의 장점을 모두 살린 신간이었다. 일본의 독자들은 빛의 속도로 변해가는 세상에서 시류에 맞는 테마를 선정하여 시의적절하면서도 수준 있게 설명해주는 신서를 즐겼다.

간단히 말해 시리즈로 연속해서 출간되는 신서는 잡지와 서적의 중간 형태였다. 신서는 시의성이 다소 떨어지더라도 평범한 회사원 같은 일반인이 궁금해하는 현실의 시사적 주제와 경쟁이 치열한 현실을 이겨나가는 데 필요한 기초 '교양'을 다뤘다. "이라크 정세, 저출산화, 규제 완화, 시장 경제, 자녀 교육 문제, 흉악 범죄의 원인, 문학의 행방" 등 다루고 있는 문제는 매우 다양했다. 이렇게 대학에 가야만 얻을 수 있는 '지식'이 아니라 사물에 대한 견해나 사고방식을 다룬 신서는 특정한 테마에 대해 간결하고 평이하게 서술했다.

한 분야에 대해 풍부한 사례를 들어가며 설득력 있게 설명하려면 전문성이 있어야 한다. 신서는 실력이 검증된 저자의 전문성과 편집자의 전문적 편집 능력으로 신뢰성이 높은 정보를 담아야 했다. 이런 일에 능력을 인정받은 바 있는 논픽션 작가들이 뛰어들었다. 『바보의 벽』, 『국가의 품격』, 『하류사회』, 『초솔로사회』 등 저널리즘 감각이 돋보이면서 문제의 핵심을 관통하는 제목은 시대의 유행어가 되어 '신서 붐'을 일으키는 추동력이 되었다.

남보다 더 많이 아는 게 전부는 아니다

그러나 스마트폰과 스마트패드 등 스마트기기가 유행하면서 신서마저 위기를 맞이했다. 신서는 베드타운에 거주하는 직장인들의 열렬한 지지를 받았다. 신서는 글의 양과 수준이 하루 2시간 정도의 출퇴근 시간에 직장인들이 읽기에 알맞았다. 그러나 '손안의 컴퓨터'에 중독된 사람이 늘어나면서 대중이 신서를 가까이하는 시간은 급격하게 줄어들었다. 언제 어디서나 스마트기기로 "인류가 생산한 모든 지식"을 검색함으로써 자신이 궁금한 것을 즉각 해결할 수 있는 세상이다 보니 신서마저 '유물'로 전락하게 되었다. 이런 세상에서 논픽션 저자들은 어떻게 다시 돌파구를 찾아야 할까?

댄 포인터는 『논픽션 쓰는 법』에서 논픽션은 "정보를 제공하는 책"이라고 정의 내렸다. 따라서 독자는 일종의 엔터테인먼트인 픽션과 달리 구태여 돈을 주고 사야만 하는 정보가 담긴 책이 아니면 구입하지 않는다. 전 세계적으로 논픽션시장이 픽션시장보다 훨씬 크다 보니 "픽션 작가는 파티장에서 환영받고 주목받지만 논픽션 작가는 최고급 승용차를 몰고 다닌다"는 말이 나돌기도 했다.

〈퍼블리셔스 위클리〉 베스트셀러 목록의 논픽션 항목에는 자기계발, 웰빙, 건강, 인문과학, 사회과학 등이 망라되어 있어 정보가 필요한 모든 분야는 해당한다고 볼 수 있다. 하지만 미디어 환경의 변화로 논픽션의 시장성은 이미 크게 떨어졌다. 도표와 수식이 동원된 자기계발서는 앱(애플리케이션)이 이미 시장성을 많이 빼앗아갔다.

웰빙, 건강, 요리 등을 다룬 실용분야는 블로그가 유행이다. 따라서 논픽션도 변화해야만 독자의 사랑을 이어갈 수 있을 것이다.

논픽션이 어떻게 변화해야 하는지는 2006년 무렵 중국 출판시장의 변화에서 시사점을 찾아볼 수 있었다. 사회주의 국가인 중국은 출판시장의 규모는 크지만 상업출판이 미국이나 유럽, 한국, 일본보다 많이 뒤처졌다. 특히 정보를 다루는 논픽션은 더욱 뒤처져 외국 출판물의 수입이 많았다. 하지만 인터넷 문화가 발달하면서 중국의 출판도 많이 변모했다. 인터넷의 등장 이후 중국에서 새롭게 주목을 받은 것은 20대 이하의 젊은이들이 쓴 인터넷소설, 〈백가강단百家講壇〉을 비롯한 TV 프로그램에서 진행된 고전 강의 책, 인터넷 연재를 통해 역사를 재해석한 책, 이렇게 세 유형이다. 이 중 논픽션과 연관해 주목해볼 수 있는 것은 뒤의 두 유형이다.

2006년 10월 1일 중국 중앙방송 CCTV의 〈백가강단〉이라는 프로그램에서 『논어』를 주관적으로 해석해 일약 스타가 된 위단의 강의를 책으로 펴낸 『논어심득』이 초베스트셀러가 되면서 방송의 고전 강의가 책으로 나오는 것이 거대한 흐름을 탔다. 그즈음 한국, 중국, 일본의 서점에는 『논어』 원본보다 『논어』를 재해석한 책들이 넘쳐났다. 중국은 '동북공정' 파동에서 엿볼 수 있는 것처럼 개인이 역사를 마음대로 해석할 수가 없다. 그런데도 인터넷에서 역사를 재해석해 인기를 끈 글들을 묶은 책이 베스트셀러가 되는 경우가 많았다. 가령 여불위가 출세를 위해 애첩을 조희 공자에게 바친 것과 관련해 기존 역사서에는 객관적 사실만 기술되어 있지만 인터넷 연재에서는 한단의 뒷거리를 휘청거리며 걷는 여불위의 심정이 소설적 상상력으로 그려졌다.

두 사례는 대중이 갈수록 정보의 주관적 해석이나 주관적 감성을 중시하기 시작했다는 것을 암시하고 있다. 지금까지 정보를 다루는 논픽션은 주관적 해석보다 모두가 받아들일 수 있는 구체성이 중시되어왔다. 기술로 말미암아 이렇게 급변하는 세상에서 남보다 더 많이 안다는 것은 경쟁력이 되지 않는다. 유일한 경쟁력은 어떤 정보라도 주관적으로 해석할 수 있는 능력이다. 심하게 말하면 정보를 '제멋대로' 읽어서 남들이 예상하지 못한 상상력을 내보일 수 있는 사람만이 경쟁에서 도태되지 않을 수 있다. 이런 대표적인 사례는 팩션faction이다. 팩션은 허구적 상상력인 픽션fiction과 사실적 상상력인 팩트fact가 결합한 것이다. 어느 순간부터 픽션과 논픽션은 따로 놀지 않았다. 둘은 급격하게 결합하기 시작했다. 단순한 정보라도 현실을 뛰어넘는 상상력으로 연결할 수 있는 역량을 갖춘 자를 필요로 하는 세상이다 보니, 하나의 잘게 쪼개진 주제와 풍부한 사실을 동원해 이야기성이 풍부한 글로 쓰인 책만이 겨우 독자의 사랑을 받게 되었다. 그런 글을 쓸 수 있는 저자를 동원하거나 직접 글을 써낼 수 있는 편집자라면 출판사 창업 후 20년은 거뜬히 버틸 수 있을 것이다.

11
—

창업하는 순간에 장기적인 비전을 세울 수 있어야 한다

나는 1990년대 말에 한 편집디자인학원에서 강의를 한 적이 있었다. 오전반, 오후반, 야간반으로 운영되었는데 수강생이 적지 않았다. 3개월 단위로 진행되는 강의에 한 기수만 해도 수백 명이 강의를 들었다. 그런 학원이 여러 개가 있었다. 강의를 들으면 출판사, 잡지사로 거의 취업이 되었다. 그러나 이제 그런 학원은 거의 사라졌다. 한마디로 장사가 되지 않기 때문이다. 교정·교열을 보는 방법 등 '소총수'로 활약할 수 있는 지식만 대강 습득해도 예전에는 그런대로 통했지만 이제는 통하지 않는다고 보는 것이 옳다. 한국출판인회의 산하의 서울북인스티튜트SBI에 채용예정자 과정이 개설되어 있는데 여기에서의 강좌마저 아날로그 시대의 출판을 강의하는 수준에서 크게 벗어나지 못하고 있다. 그저 출판사에서 당장 써먹을 사람을 키우기에 급급하다. 그런 상태에서 출판에 희망이 있을까?

학원의 졸업생들은 잡지사나 사보 대행 회사에 많이 팔려나갔다. 하지만 잡지는 휴·폐간이 계속되고 있고, 사보 편집을 대행하는 회사들은 크게 쇠락했다. 이제 사보를 펴내는 공기업도 점점 줄어들고 있다. 그런데도 출판사에서 일하거나 창업하려는 사람은 적지 않다. 그런 사람들이 가끔 내게 던지는 질문은 "출판사에서 일하려면 무슨 준비를 해야 하나요?"다. 솔직히 그런 질문에 답변하려면 막막함을 느낀다. 세상이 빠르게 변하면서 책의 개념이나 정의마저 달라지는 마당에 간단하게 정리해서 이야기를 해주기가 쉽지 않다. 6개월 동안이나 강의를 하면서도 제대로 가르치지 못하는데 간단하게 정리해서 대답할 재주란 내게 없다.

과거에 출판은 큰돈을 들여 책을 제작해서 푼돈으로 조금씩 비용을 회수하는 사업이었다. 책을 펴낼 때는 미리 장기간 기획비나 인건비가 투여되고 제작비도 책이 제작되자마자 현금으로 지불하는 것이 원칙이다. 외상을 깔아둘 수도 있지만 그러면 제작처와 좋은 거래 관계를 유지하기가 힘들다. 서점에 책이 출고되어도 한두 권씩 서서히 팔려서 자금이 느리게 회수된다. 서점에 책이 출고되었다가 장기간 진열되면 탈색하거나 불구가 되어 반품된다. 돌아온 책들은 대부분 폐기해야만 한다. 그래서 출판사는 선투자금은 많지만 회수는 매우 늦는 힘든 업종으로 인식되었다.

오프라인서점을 통해서만 책을 팔 때는 서점에 책을 많이 진열해 무조건 독자의 눈에 띄게 하는 것이 중요했다. 그래서 전국의 서점과 거래하면서 출장을 가서 책을 진열하는 것이 관건이었다. 특히 경쟁상품이 많거나 빨리 책이 깔려야 하는 아동서적이나 음악서적, 잡지, 학습참고서, 가벼운 읽을거리 등은 그야말로 장기간에 걸쳐 조성된 영업력에 의해 판매가 크게 달라졌다.

콘텐츠 비즈니스에서 출판은 핵심이다

그러나 지금은 출판업도 콘텐츠 비즈니스로 바뀌고 있다. 콘텐츠 비즈니스에서 출판은 핵심이다. 그런데도 이런 현실을 잘 이해하지 못하는 사람이 많다. 출판산업은 결코 사양산업이 아니다. 지식산업 자체가 급격하게 플랫폼 사업으로 전환되고 있는데 출판이 그런 체제에 제대로 안착하기만 하면 미래는 무척 희망적이다. 이미 책이라는 콘텐츠가 대중의 호응을 얻기만 하면 순식간에 엄청난 부수가 팔려나간다. 한 달 안에 10만 부가 팔리는 책이 적지 않다. 출판사들은 종이책으로만 펴내지 않는다. 전자책, 오디오북 등으로도 동시에 펴내면서 강연 등 관련 사업과의 연대를 꾀한다. 이른바 크로스(트랜스)미디어 전략을 세워서 실행해야만 한다. 처음부터 디지털 콘텐츠를 확보한 다음 이를 종이책으로 다시 생산하거나 웹, 모바일, 영상, 게임, 애니메이션 등으로 영역을 넓혀가야 하는 시대가 되었다. 세계 유명 출판사들은 종이출판의 불황을 디지털 출판과 지적재산권IP 수익으로 극복하며 위기를 기회로 바꿔가고 있다.

모든 책이 이런 전략을 활용할 수 있는 것은 아니다. 이 전략에 가장 적합한 장르는 소설, 만화, 사진 등이다. 이런 분야의 작품들은 롱테일 상품의 특성이 강해 콘텐츠 양에 따라 자연스럽게 매출이 증가할 확률이 높다. 스마트폰 단말기의 액정과 용량 문제가 해결되면서 점점 이 산업의 규모는 커지고 있다.

크로스미디어 전략은 이미 콘텐츠 자체만 판매하는 수준을 넘어섰다. 적지 않은 출판사가 모바일이나 웹 사이트를 활용해 다른 업종과 협업함으로써 매출을 늘려가기 시작했다. 가령 패션잡지에 실린 상품 소개와 통신판매, 잡지에 실린 숙박 시설이나 음식점 소개와 예약, 만화 캐릭터를 활용한 의류·완구·문구 상품의 개발 등과 같은 구체적인 성과를 이뤄냈다.

세계적인 출판사는 너나없이 크로스미디어 전략을 세우기 시작했다. 크로스미디어 전략의 가장 큰 장애물은 저작권이다. 왜? 디지털 공간은 무한복제가 가능해 단숨에 저작권 자체가 사라질 위험이 크기 때문이다. 따라서 콘텐츠의 다양한 2차적 활용을 통해 무한한 가능성을 키워가려면 콘텐츠 저작물 자체의 저작권부터 새롭게 정립해야 한다. 최근 이 땅에서도 저작권을 놓고 혈투를 벌이는 모습이 자주 보이는데, 미래에 확실한 이익을 가져다줄 보물을 놓고 미리 힘겨루기를 하는 것이라 할 수 있다.

이제 북 비즈니스도 고객(독자)과의 직접적인 연결이 중요하다. 고객은 누구인가? 아날로그 시대의 독자는 점차 사라지고 없다. 그들은 주로 유튜브에서 놀고 있다. 유튜브에서 검색되지 않는 것에는 관심도 없다. 그들은 책을 별로 읽지 않는다. 책을 통하지 않고도 웬만한 것들을 모두 해결하기에 그들을 설득하려면 책이 달라져야 한다. 책은 어떻게 변해야 하나? 그게 관건이다. 그러나 출판인들은 변할 생각이 없으면서 무조건 책은 중요하니 책을 살려내라고 아우성만 친다.

나는 2017년에 서브컬처와 스낵컬처가 뜰 것이라고 했다. 실제로 그렇게 되었다. 서브컬처는 마땅한 저자를 찾기 어렵다. 서둘러 작가를 찾아야만 한다. 요다에서는 김동식 작가만큼 걸출한 작가를 찾으려고 노력했지만 아직은 찾지 못했다. 스낵컬처는 주로 경험자들이 쓴 가벼운 에세이 형태로 등장해 독자에게 지식이 아닌 지혜(혹은 지성)를 제공한다. 그런데 에세이가 너무 넘치다 보니 이미 레드오션으로 전락해버려 이익을 내기 어려운 시장이 되어버렸다. 그런데도 일부는 베스트셀러가 되어 순식간에 독자의 마음을 얻고 있다.

출판평론가 장은수는 「출판의 가치는 무엇인가 (1)」(《기획회의》

381호, 2014. 12. 5)에서 "책이 대부분 검색과 데이터베이스와 소셜 미디어를 통해 판매되는 오늘날의 디지털 경제에서는 신구간의 차이가 거의 없으며, 그에 따라 출간 전략을 비롯한 책의 마케팅도 근본적으로 수정돼야 한다"고 세스 고딘의 말을 빌려 지금 우리가 어떤 세상을 살고 있는지를 설명하고 있다. 이어서 "오늘날 출판산업의 가장 큰 특징 중 하나는 저자의 힘은 커지고, 유통사의 힘은 (독점을 통해) 강화되는 반면, 출판사의 힘은 약해지고 있다는 것입니다. 물론 이는 미디어산업 전체에서 나타나는 현상입니다. 만인과 만인이 서로 이어져 있는 초연결사회는 인간 전체를 미디어로 만드는 반면, 사람과 사람 사이를 이어주면서 자기 가치를 증명해왔던 기존 미디어(신문, 방송, 출판 등)를 해체해왔습니다. 예를 들어 페이스북이나 트위터 등을 통한 뉴스의 소비는 급속히 증가하지만, 신문이나 방송 자체의 소비는 오히려 줄어든 것은 더 이상 이야기할 필요가 없는 사실"이라고 했다. 그는 또 "우리가 주목해볼 만한 특이한 점은 매체 자체의 영향력은 떨어졌지만, 개인 미디어 실천가(기자, 파워블로거, 작가를 포함한 콘텐츠 크리에이터 등)의 영향력은 오히려 늘어났다는 점입니다. 한 개인이 수십만, 수백만 명과 직접 연결되어 정보를 발신하고 수신하면서 오랫동안 관행처럼 유지되어온 매체 공조 시스템(출판, 언론, 서점과 같은)은 붕괴 위기에 처했"다고 하면서 "독자들과 긴밀하고 직접적으로 연결된" 저자(또는 출판사)의 출현이 출판의 모든 규칙을 바꾸고 있다는 세스 고딘의 말을 다시 인용하고 있다.

지금 코로나19의 위협 속에서도 한국 출판시장에서 가장 잘나가는 출판사는 "독자들과 긴밀하고 직접적으로 연결된" 멤버십 비즈니스를 추구해온 민음사, 문학동네, 창비 등의 문학출판사와 길벗, 한빛 등의 실용서 출판사다. 과거에 이들 문학출판사가 카페나 북클럽을 만들어 독자와의 연결을 꾀하거나 유튜브에도 남보다 빨리 진출할 때 비용 낭비라고 비웃는 사람도 없지 않았지만 이제 그들은 승승장구하고 있다. 앞에서도 이야기했지만 세 문학출판사는 서브컬처를 다루는 임프린트를 만들어서 낚싯대를 던져놓고 시장변화를 눈여겨보거나 청소년 출판으로 독자의 변화를 예의주시해왔다.

출판시장에서 에세이 시장만 레드오션인 것은 아니다. 이제 출판시장에서 블루오션은 찾아보기 어렵다. 그런데 세스 고딘은 이미 "니치독자들을 겨냥한 버티컬 시장을 개발해야 한다"고 말했다. 포털portal의 시대는 지고 보털vortal의 시대가 열릴 것이라는 그의 지적은 벌써 현실이 되었다. 보털은 '수직'이라는 의미의 '버티컬vertical'과 '포털portal'의 합성어이다. 포털은 폭넓은 사용자층을 대상으로 일반적인 정보 전달에 초점을 맞추고 있다. 이에 비해 보털은 수직으로 깊게 우물을 파듯 특정 사용자 집단을 위한 전문적인 정보 제공이나 실질적인 전자상거래를 해야만 한다. 세스 고딘의 이런 충고를 받아들인 출판사들만이 살아남는 세상이 되었다.

이미지 구축을 위한 출판사의 전략

앞으로 출판은 잘 익은 곶감을 따 먹듯 단권의 베스트셀러만 추구해서는 오래 살아남지 못한다. 그러면 어떻게 해야 살아남을까? 앞에서 나는 출판사는 둑부터 쌓아야 한다고 강조해왔다. 둑을 만들면 저수지에는 물이 고인다. 고인 물로 농사를 짓거나 전기를 생산할 수 있다. 저수지에서는 물고기가 자란다. 맑은 물에는 많은 사람이 수영을 하겠다고 줄줄이 뛰어들 것이다. 요다는 창업 후 3년 동안은 둑을 만들었다. 작법서나 비평서도 열심히 펴냈다. 국내에서 그런 출판사를 찾아보기는 어렵다.

장르문학을 선구적으로 열심히 펴내온 한 출판사는 번역소설만 열심히 펴냈다. 15년이 넘었으면 이제 브랜드 이미지가 확실하게 구축되어야만 한다. 그러나 그 출판사에서 발굴해 키운 작가가 없으니 그런 이미지가 구축될 리가 없다. 그 출판사에서 초창기에 소개한 외국작가들의 신작은 다른 출판사의 공세에 밀려 출간조차 못 하고 있다. 출판사는 겨우 명맥만 유지하고 있다. 편집자도 키우지 않았다. 그러니 발행인이 사라지면 출판사도 자연스럽게 소멸하고 말 것이다.

일본의 고단샤, 쇼가쿠칸, 슈에이샤 등 빅3 출판사에서 매출의 절반을 차지하는 것은 만화였다. 만화는 전자책으로 성장할 가능성이 클 뿐만 아니라 크로스미디어 전략을 세울 수 있는 원천이 된다. 저작권이나 IP사업의 핵심이 되고 있다. 그러나 이들 출판사에서 펴낸 만화를 수입해 번역 출판해서 엄청난 이익을 창출한 국내의 출판사들은 미래가 있을까? 우리 작가를 키워놓지 않았으니 일본의 출판사들이 승승장구하는 모습을 바라보면서 쓰라린 배를 쓰다듬는 일만 남았다.

나는 이 문제와 관련해서 아픈 기억이 하나 있다. 2002년에 도쿄의 한 호텔에서는 계간 〈책과컴퓨터〉가 주최하는 심포지엄이 열렸다. 동아시아의 출판인들이 모여 디지털 시대 출판 비즈니스의 미래를 토론하는 행사였다. 그 자리에 일본 발표자로 나선 사람 중 하나가 당시 이와나미쇼텐의 사장인 오쓰카 노부카즈였다. 이와나미쇼텐은 일본 지식인의 젖줄과 같은 출판사다. 그는 중국의 한 대형서점 앞에서 서점이 문을 열기 30분 전, 마치 바겐세일하는 백화점의 모습처럼 그 앞에 많은 사람이 늘어선 것을 보고 눈물을 흘릴 뻔했다고 말했다.

40년을 편집자로 살아온 사람, 그것도 당대 최고의 지성인들과 교유하며 한 시대를 주름잡았던 오쓰카 노부카즈는 2007년에 자신의 인생을 정리한 『책으로 찾아가는 유토피아』를 펴냈다. 이 책을 읽는 내내 나는 저자의 삶이 부러웠다. 그는 노벨문학상을 받은 오에 겐자부로, 일본인의 정신적 지주로 평가받는 가와이 하야오, '반세기에 한 명 나올까 말까 한 천재'로 꼽히는 문화인류학자 야마구치 마사오, 일본 고도성장기 이후의 격동하는 사상계에서 가장 세밀하게, 그리고 풍부하고 착실하게 사상을 전개한 철학자 나카

무라 유지로 등 당대 최고의 지성이라 할 수많은 저자와 정신적 동지처럼 지낼 수 있었다.

햇병아리 편집자 시절에 계몽과 도발의 정신을 일깨워준 하야시 다쓰오 같은 스승이자 선배 편집자를 두었다는 것도 부러웠다. "인류의 유산을 전체적으로 받아들이면서 한편으론 끊임없이 아마추어로 경쾌한 발놀림을 유지하고 싶다"며 "인류의 문화란 인류사에서의 위치 부여나 말 그대로 글로벌한 시점을 교차시킨 지점에서 성립하는 것으로 판단했다"는 하야시 다쓰오는 단순한 편집자가 아니라 인간의 본래 모습에 대한 탐구자이자 사상가라 할 수 있다. 그런 스승의 가르침을 40년 동안 지켜온 저자 또한 이미 스승의 반열에 올라섰다고 볼 수 있다.

오쓰카 노부카즈는 "출판 일이란 뛰어난 인간의 지식과 지혜의 창출에 가담하고 아울러 그것들을 유지해 다음 세대로 계승하는 것"이라고 말했다. 또 "편집자의 일은 새로운 사고방법을 만들어내는 것이다. 그러기 위해서는 인류가 지금까지 축적해온 것의 총체를 알아야 한다. 그러지 않으면 무엇이 진짜 새로운 것인지 판단할 수 없다"고도 말한다. 그런 면에서 보면 오쓰카 노부카즈는 대단한 편집자였다.

나는 책을 덮고 나서 서글펐다. 유토피아를 찾으려 했던 그의 40년 궤적이 부러움과 동시에 앞으로 그 같은 편집자가 나올 수 없을지도 모른다는 생각이 들었기 때문이다. 저자는 패전 후 처음으로 출판계가 바닥이 보이지 않는 나락으로 곤두박질하는, 소름 끼치는 시기에 이와나미쇼텐의 사장을 지냈다. 10만 부 넘게 팔리던 시사월간지 〈세카이世界〉가 1만 부도 팔리지 않고, 사회언어학의 매력을 알리는 책 『언어와 문화』(스즈키 다카오)가 누계로 100만 부나 팔리며 무명 학자가 유명 저자로 올라설 수 있던 정말로 좋았던 시절은 가고, 팔리지 않는 학술서는 가차 없이 버려지던 엄혹한 시절(이와나미쇼텐이 그랬다는 것은 아니다)에 경영을 책임졌다. 그리고 2001년 계열 도매상인 스즈키쇼텐의 부도 이후에는 이와나미쇼텐의 위기설마저 보도되는 사태를 맞았다.

당시 보도를 보고 엄청난 위기라고 생각한, 30년 넘게 교제해온 한 작가에게서 이와나미쇼텐을 위해 거금을 내놓겠다는 전화를 받고 저자는 울음을 그칠 수 없었다는 일화를 털어놓았다. 그리고 이 일화를 알리고 싶어 책을 썼다는 말도 덧붙였다. 그가 중국에서 눈물을 흘릴 뻔한 것은 아마도 그런 현실의 '고통'이 있었기 때문일 것이다. 나는 오쓰카 노부카즈가 눈물을 흘릴 뻔했다는 말의 진정한 의미를 알아보기 위해 다음 날 기노쿠니야서점 본점이 문을 열기 30분 전에 가보았는데 그 자리에는 나를 포함해 6명만이 서 있었다. 직접 눈으로 확인하자 그의 말이 내 심장을 크게 뒤흔들었다.

이어서 토론자로 나선 이는 일본 쇼가쿠칸의 멀티미디어 책임자였다. 그는 이 자리에 있는 동아시아 출판인 중에서 일본 출판만화를 불법으로 복제해 출판 자본을 형성하지 않은 사람이 있으면 손을 들어보라고 했다. 그의 발언에 속이 많이 상해서 그랬는지 그의 이름은 기억나지 않는다. 그게 아무리 사실이라도 손님을 모셔놓고 이게 무슨 소리인가 싶었다. 그는 이어 "앞으로 그런 일은 절대로 발생하지 않을 것"이라고 단언했다. 세계가 하나의 네트워크로 연결된 이상 앞으로는 자신들이 저작권을 판매하는 것이 아니라 멀티미디어 책을 직접 전 세계로 판매할 것이라고 주장했다.

그로부터 8년이 지난 2010년에 쇼가쿠칸은 인기 만화가인 마쓰모토 다이요의 『넘버 파이브』 애플리케이션을 29개 나라에서 동시에 판매하기 시작했다. 1회는 무료로 볼 수 있지만 2회부터는 유료로 보는 방식이었는데 언어는 전혀 문제가 되지 않았다. 어느 나라에서나 휴대전화로 자동으로 번역되어 볼 수 있었다. 그즈음 쇼가쿠칸은 부동의 업계 1위였던 고단샤를 제치고 당당히 1위에 올라서기도 했다.

신뢰가 키운 연결의 힘

출판 창업을 한 실력 있는 편집자 중에서는 국내 저자의 책을 펴내지 않고 번역서만 주로 펴내는 이들이 적지 않다. 국내 저자를 발굴하기가 힘들기 때문이다. 번역서만 주로 펴내는 꽤 유명한 출판사들이 없지 않다. 좋은 책을 골라내는 안목이 없으면 출판사를 장기간 지속하기 어렵다. 기획자나 번역가와의 약속을 잘 지켰기에 명성을 얻었을 것이다. 그러나 나는 그런 출판사가 하나도 부럽지 않다. 그리고 지금은 번역 출판권 경쟁이 너무 치열해서 열심히 책을 제작해 스테디셀러로 만들어놓아도 다른 출판사에 빼앗길 염려도 커지고 있다. 그러니 아마존(닷컴) 강가에서 수석을 찾듯 팔릴 만한 번역서를 고르는 일에만 목숨을 걸지 말자.

길게 돌아왔다. 요다 이야기로 돌아가자. 요다는 2018년부터 2020년까지 3년간 건물의 기초를 세우는 일에 열중했다. 이제 도약을 꿈꿔야 한다. 요다는 독자와의 연결을 꾀하는 우물을 수직으로 깊게 파기 시작할 것이다. 물론 팬덤을 만들기 위해서는 김동식 작가처럼 독자성이 강한 작가의 책을 꾸준히 펴내야만 한다. 앞으로 작가를 더욱 치열하게 찾을 것이다. 소설은 장기간 팔리고 확장성도 크다. 그런 책을 반드시 펴내야만 한다. 그러나 그런 일은 단기간에 성과를 내기가 어렵다.

독자는 곧 생산자이기도 하다. 독자가 좋은 작품을 쓸 수 있게 돕는 일도 열심히 해야만 한다. 요다는 먼저 장르 아카데미부터 열 것이다. 필요하다면 여기에 관심이 있는 다른 회사와 연대도 꾀할 생각이다. 문학 지망생은 대학에서 창작론을 배우고 있다. 그러나 장르문학 창작론을 가르치는 대학은 찾아보기 어렵다. 설사 있다 해도 대학은 사양산업 중 하나다. 이미 학문의 전당으로서의 기능을 상실한 대학은 치열한 현실에 적절하게 대응할 능력을 잃어버린 것이나 마찬가지다.

요다는 장르문학을 제대로 이해하는 데 도움이 되는 '요다 해시태그 장르 비평선'을 꾸준히 펴낼 것이다. 이미 30여 권의 책이 기획되어 있다. 곧 차례로 출간될 예정이다. 평론선의 저자들은 장르 아카데미에서 독자와 만나 토론을 벌일 것이다. 그리고 '영어덜트 문학상'을 제정할 생각이다. 이미 창비에서는 카카오와 '영어덜트 문학상'을 운영하고 있지만 나는 영어덜트 문학의 중요성을 누구보다 먼저 주창해왔다. 창비에서 출간돼 좋은 반응을 얻은 손원평 장편소설『아몬드』에 '한국형 영어덜트의 탄생'이라는 추천사를 써주기도 했다. 실행은 늦었지만 뜻은 먼저 갖고 있었으니 부끄럽지가 않다. 작법서나 비평서는 전보다 많이 펴낼 생각이다. 이미 10여 권이 기획되어 있다. 비평서는 초판 1,000부를 팔기도 어렵다. 그런데 나는 왜 이런 책을 30권이나 기획해놓고 시리즈로 펴낼 생각을 했을까?

'스필오버spill-over 효과'라는 것이 있다. 스필오버란 특정 지역에 나타나는 현상이 다른 지역에까지 퍼지거나 영향을 미치는 것을 말하지만 오늘의 히트작이 어제의 콘텐츠에 대한 관심을 불러일으키는 현상을 일컫기도 한다. 브랜드에 대한 신뢰가 형성되면 그 브랜드에서 생산된 상품을 무조건 신뢰하는 현상을 말한다.

스필오버 현상을 잘 보여주는 놀라운 사례가 2013년 여름에 발생했다. 로버트 갤브레이스라는 작가가『쿠쿠스 콜링』이라는 책을 펴냈다. 비평가들의 호평에도 불구하고 이 책은 첫 두 달간

1,500권밖에 팔리지 않았다. 그러다 2013년 7월 15일, 이 작가가 필명으로 책을 쓴 것이고, 실제 저자는 '해리 포터' 시리즈의 작가인 조앤 K. 롤링이라는 사실이 밝혀졌다. 그러자 첫날에만 판매가 156,866% 급등하면서 단숨에 베스트셀러 반열에 올랐다. 한 달 후, 책의 판매부수는 110만 권에 이르렀다.

이 사례를 『콘텐츠의 미래』(리더스북)에 소개한 바라트 아난드는 "콘텐츠 비즈니스는 언제나 콘텐츠 자체로 자신들의 존재를 알리려 한다. 그런데 이것이 함정이다. 콘텐츠의 힘은, 네트워크 효과의 강력함을 지닌 사용자 연결의 힘에 점차 눌리고 있다"고 주장한다. 한마디로 '연결의 힘'이 중요하다는 것이다. 누누이 강조하지만 우리는 초연결사회를 살아가고 있다. 그러니 모든 노력을 기울여 연결의 힘부터 키워야 한다.

연결의 힘을 어떻게 키울 것인가? 결국 충성 고객의 규모에 달려 있다. 그런데 고객은 단순한 소비자가 아니다. 이미 생산자다. 자신의 작품을 생산하려고 노력하는 사람이지만 "천재 주변에 있으면서 함께 작품을 창조하는 사람"이기도 하다. 이런 사람을 '세컨드 크리에이터'라고 부른다고 앞에서 말했다. 그들은 자기 분야에 대해서는 전문가 수준이다. 그들이 서평을 쓰거나 추천을 하면 단숨에 베스트셀러에 오를 수 있지만 그들이 비난하면 졸지에 쪽박을 찰 수도 있다. 그러니 그들의 신뢰부터 얻어야 한다. 내가 요다에서 작법서나 비평서부터 펴내는 것은 세컨드 크리에이터의 신뢰부터

11. 창업하는 순간에 장기적인 비전을 세울 수 있어야 한다

얻기 위함이다. 물론 아직 부족하다. 그러나 3년만 지나면 상황은 달라질 것이라 믿는다.

나는 하이콘텍스트의 대표적 사례로 〈미스트롯〉과 〈미스터트롯〉을 언급한 바 있다. TV조선은 이들 프로그램이 최고의 시청률을 기록하면서 자사의 오락 프로그램을 트로트로 도배하기 시작했다. 프로그램에는 〈미스트롯〉과 〈미스터트롯〉에서 입상한 이들이 주로 출연했다. 그러나 〈미스트롯 2〉에서 5주 연속 인기투표에서 절대적으로 1위를 차지한 전유진이 준결승에 오르지 못하고 탈락하자 유튜브에서는 이를 비판하는 영상이 넘쳐나기 시작했다. 승자를 축하하는 것이 아니라 탈락한 이를 옹호하는 일이 벌어졌다. 시청률이 위험할 정도로 떨어지지는 않았지만 "욕하면서 보는 막장드라마"라고 비난을 받았을 뿐만 아니라 입상자들이 참여할 예정인 콘서트의 표가 잘 팔리지 않는 상황까지 벌어졌다. 앞으로 이 프로그램의 안위가 걱정될 정도였다.

인간은 '오늘보다 나은 내일'을 도저히 기대할 수 없게 되었다. 모두가 생존 자체를 걱정하고 있다. 젊은이들일수록 담대한 희망을 포기하고 사소한 일상에서의 소소한 만족을 꿈꾸기 시작했다. 몇 년 전부터 소확행(작지만 확실한 희망) 트렌드가 우리 사회를 휩쓸었다. 다양성 영화나 개성 있는 뮤지션에 열광하는 사람들이 오디션 프로그램에도 열광한다. 그들은 자신이 좋아하는 사람에게 투표나 문자메시지로 열렬한 지지를 표한다. 소셜 미디어의 발달은사소한 일에서의 '공유'와 '참가'마저 가능하게 만들었다.

누군가는 오디션 프로그램은 공정성, 스토리, 진실성이 생명이라고 했다. 가장 중요한 것은 공정성일 것이다. 이명박 정부 때의 화두가 '정의'였다면 지금은 '공정'이다. 마이클 샌델은 한국사회에서의 화두를 잘 간파한 책을 연속으로 펴내 좋은 반응을 얻었다. 시청자들은 〈미스트롯 2〉의 심사가 공정하지 못했다고 질타하고 있다고 볼 수 있다. 〈싱어게인〉이나 〈트롯 전국체전〉의 우승자는 전문심사단 평가에서 1위를 한 사람이 아니었다. 모두 시청자의 지원으로 그렇게 되었다. 〈미스트롯 2〉를 비판하는 사람들이 5주 연속인기투표에서 1위를 차지한 전유진이 불공정한 심사로 말미암아 1위를 강탈당했다고 판단하는 것은 당연하다. 그들은 '먹방'이 제공하는 일방적인 스토리텔링이 아니라 '쿡방'이 제공하는 스토리에 직접 참가해 자신의 삶을 녹여내는 '스토리두어'가 되고자 했던 사람들이다. 그들의 눈 밖에 나면 퇴출마저 각오해야 한다.

그렇다면 출판기획자는 어떻게 해야만 하는가? 『콘텐츠의 미래』에서 저자는 우리가 하는 일이 다른 사람이 하는 일과 점점 연계성이 많아지고 있다고 말하면서 "연관되어 있지만 보이지 않는 기회에 초점을 맞추기 위해 현재 우리의 활동무대 너머를 바라봐야 한다. 그리고 우리가 하는 일이 우리가 있는 곳에 의해 어떻게 영향을 받는지 깨달아야 한다. 먼저 이들의 연관 관계를 인식하고, 그다음 연관성에 대해 잘 생각해서 연계를 모색하고, 지렛대로 활용해

11. 창업하는 순간에 장기적인 비전을 세울 수 있어야 한다

야 한다. 그렇게 해야 많은 사람들을 실패로 몰아넣는 콘텐츠의 함정을 피할 수 있다"고 충고한다.

그렇다. 지금은 언제 어디서 누구든 동일한 콘텐츠를 생산하면서 즐길 수 있는 유비쿼터스 시대이기도 하다. 이런 시대에 "히트할 수 있는 콘텐츠의 요건은 콘텐츠 자체는 많은 사람이 즐길 수 있지만, 어떤 이유에서 '내게 특별한 것'이 될 수 있는 것이어야" 한다. 엔터테인먼트 콘텐츠는 "단지 '보는 것'만이 아니라 자신이 어떤 형태로든 '참가'할 수 있다면 특별한 것"이 되고 있다. 스토리텔링만으로는 한계가 있다. 직접 참가해서 만드는 스토리두잉storydoing이 대세가 되고 있다. 책이라고 다르지 않다. 공유와 참가를 즐기는 세컨드 크리에이터의 마음을 얻기 위해 분골쇄신해야만 한다. 요다는 그럴 생각이다.

12 — 출판 창업자가 갖춰야 할 근본적 미덕 세 가지

출판 창업은 꼭 해야 할까? 아니다. 준비 없이 창업하여 깊은 늪에 빠져 헤매는 사람이 적지 않다. 많은 사람이 성공 확률이 매우 낮아 뛰어들지 않는 것이다. 나는 출판에 입문한 지 40년째다. 그동안 만났던 수많은 사람이 점점 사라져갔다. 흥한 사람보다 망한 사람이 많다. 도산으로 말미암아 패가망신한 사람도 적지 않다. 그러니 창업은 신중해야 한다. 하긴 자영업은 출판만 어려운 것이 아니다. 모든 자영업이 10년 이상 생존할 확률은 10%도 되지 않는다. 20년 이상의 역사를 가진 기업은 5%도 되지 않을 것이다.

출판 창업을 해서 성공만 한다면 기쁨은 크다. 우리는 초고령화 시대를 살고 있다. 초고령사회에서 사람들은 건강 장수 다음으로 평생 현역으로 일하는 것을 꿈꾼다. 연공서열과 고용시스템이나 사회보장제도는 이미 한계에 이르렀다. 정년 이후에는 자신의 의지적인 욕망을 구현하기 어렵다. 그러나 출판은 일할 의지가 있고 건강만 유지된다면 평생 현역으로 일하기가 쉽다. 더구나 출판업은 소규모 팀이나 개인이 큰일을 낼 수 있는 업종이다.

소노 아야코는 『노인이 되지 않는 법』에서 노인이 되지 않기 위한 기준으로 자립할 것, 죽을 때까지 일을 가질 것, 늙어서도 배우자·자녀와 잘 지낼 것, 돈에 얽매이지 않는 정신을 가질 것, 고독과 사귀며 인생을 즐길 것, 늙음·질병·죽음과 친해질 것, 신의 잣대로 인생을 볼 것 등 일곱 가지 지혜를 제시했다. 나는 일찍 싱글이 되는 바람에 한 가지만 지키지 못했다. 그러나 늘 젊은 편집자와 젊은 작가와 즐겁게 일하다 보니 인생을 즐길 수 있었다. 출판업은 노인이 되지 않고 잘 지낼 수 있는 업종이기도 하다.

나는 출판으로 큰돈을 벌지 못했지만 엄청난 자산이 있다. 내가 펴낸 책들이다. 나는 내가 펴내고 싶은 책을 꾸준히 펴낼 수 있다. 젊은 후배들에게 일할 기회를 주는 기쁨도 크다. 상상력이 넘치는 작가나 저자를 만났을 때의 기쁨도 크다. 나는 늘 스스로 정년을 정해놓고 정년이 되면 직원들에게 회사를 물려주겠다고 말했다. 물론 소유권과 경영권은 반드시 넘겨주겠지만 늘 일을 함께 도모할 수 있다. 그렇게 일하면서 100년이 넘어도 살아남을 수 있는 책을 단 한 권이라도 펴낸다면 분명 성공한 인생일 것이다. 그렇다면 출판 창업으로 성공하려면 어떤 자질을 꼭 갖춰야 할까? 가장 중요한 세 가지만 살펴보자.

미래에 대한 확신, 지구력

출판사를 창업해 20년 동안 브랜드를 착실하게 키워 출판계의 오피니언 리더가 된 이에게 출판인에게 필요한 근본적인 자질에 대해 의견을 물어보았다. 그 대표는 지구력이라고 말했다. 우리는 즉시 동감했다. 내가 출판계에서 일한 40년 동안 '단군 이래 최고의 불황'이라는 말이 사라진 적이 없었지만 출판은 꾸준히 성장해왔다. 40년 전과 지금의 출판 매출은 비교가 되지 않을 정도로 많이 늘어났다. 콘텐츠를 다루는 공적 기관에서는 지금도 출판을 '서자' 취급을 하지만 출판은 모든 콘텐츠 산업의 중심에서 한순간도 비켜선 적이 없다.

지구력이란 달리 말하면 미래에 대한 확신이다. 그런 자신감을 가진 이는 평생 집념을 갖고 일할 수 있다. 미래에 대한 확신 없이는 자신의 모든 인생을 걸 수 없다. 그러니 집념부터 확보해야 한다. 미래에 대한 확신을 갖지 못해 '불황'이라는 말을 입에 달고 사는 사람과 함께 일할 사람이 있겠는가? 자신이 추구하는 일에 대한 확신을 갖고 열심히 일하는 사람은 언젠가는 빛을 보게 마련이다. 책 한 권의 성패에 일희일비하지 않고 꼭 필요한 책을 꾸준히 펴내면 언젠가는 빛을 볼 수 있다는 낙천성부터 확보해야 한다.

모든 일에는 위기가 있게 마련이다. 20세기 말에『브리태니커 세계 대백과사전』이 종이책 생산을 중단하자마자 잠시 '책의 종말'이라는 광풍이 불었다. 페이퍼리스paperless시대가 도래할 것이라는 우려가 넘쳐났으며 종이책은 곧 전자책으로 대체될 것이라는 성급한 예측도 나왔다. 나는 그때 종이책은 죽고 전자책이 대세가 될 것이라는 주장에 이의를 제기하는 'e-북은 없다'라는 글을 두 차례나 발표해 파란을 일으켰다. 나의 예상대로 책은 여전히 의연하게 살아남았다. 정보를 단순하게 담아내는 그릇으로서의 책에 그치지 않고 인간의 오감을 자극하는 '만들기'(편집+디자인+제작)가 제대로 이뤄지면서 출판은 새로운 지평을 열어왔다.

나는 2000년에『디지털과 종이책의 행복한 만남』(창해)이란 책을 펴냈다. 디지털 기술과 아날로그 종이책이 행복하게 만나 '새로운 책'으로 거듭나서 새로운 가능성의 세계가 열릴 것이라는 희망을 담은 책이었다. 그럴 가능성이 있는 사례를 그 책에서 다양하게 제시했다. 나는 이 책으로 백상출판문화상 기획상과 한국출판평론상 공로상을 수상함으로써 개인적인 인지도를 확보하게 되었다. 내가 이 책을 펴낸 동기는 흔들리는 출판의 미래에 대한 내 나름의 비전을 찾아내어 동업자들에게 용기를 주기 위함이었다.

당시 한 문학 진영을 이끌고 있던 문학출판사 대표는 "문자에서 영상으로, 종이책에서 전자책으로, 실물에서 사이버로 전환하고 있는 것이며 인쇄 문화에서 컴퓨터 문화로, 도서 문화에서 인터넷으로, 독자에서 네티즌으로 옮겨가고 있는 것이고, 나아가, 글자에서 비트로, 아날로그에서 디지털로, 인문주의에서 기능주의로, 사유에서 정보로, 지식에서 뉴스로 옮겨가고 있는 것"이며 이것은 "끔찍하지만 거부할 수 없는 문명의 추세이며 안타깝지만 투항하지 않을 수 없는 새로운 역사가 다가오고 있음을 보여"주고 있다는 식의 이분법적인 사고가 담긴 책을 펴냈다. 이런 사고가 일간지 지면을 통해 유포되면서 많은 출판 종사자와 독자가 불안해했다.

하지만 그가 말한 대로 단선적으로 변하지 않았다. 하나만 이야기해보자. 영상이 엄청난 속도로 늘어났지만 문자가 사라졌는가? 움직이는 정보인 영상 정보는 움직일 수 없는 문자 정보보다 훨씬 우월하다는 사고가 잠시 우리를 혼란에 빠트렸지만, 영상 표현 자체만으로는 해석의 폭이 너무 넓어 그것을 누군가가 문자로 해석해주지 않으면 이해하기 어려웠다. 결국 TV의 온갖 오락 프로그램은 물론 토크쇼 주인공들의 실제 대사의 많은 부분이 문자(자막)로 처리되었다. 그 바람에 TV는 '영상 매체'가 아니라 '활자 매체'로 전락했다. 이미지마저 문자 없이는 해독할 수 없는 '문자 르네상스'의 시대가 도래했다. 지금 인간은 스마트폰으로 많은 영상을 소비하지만 무수한 문자 또한 게걸스럽게 읽어대고 있다. 우리는 이렇게 문자와 이미지가 상생하는 시대를 살아가고 있다.

12. 출판 창업자가 갖춰야 할 근본적 미덕 세 가지

나는 『디지털과 종이책의 행복한 만남』에서 "새로운 아날로그의 발견을 통해 과거의 아날로그와의 '차이'를 구체적으로 찾아내야 한다"고 주장했다. 그러한 차이는 무엇인가? 나는 "인간은 매일 같은 밥을 먹지만 그때마다 다른 맛을 느끼고, 매일 같은 직장에 출근하지만 그 의미를 달리한다. 이러한 차이를 과거의 실존주의적 시각에서는 발견하지 못했지만 디지털이 등장한 뒤에는 그러한 차이를 통해 인간은 재미나 즐거움을 느낀다. 우리에게 가장 필요한 것은 인간의 삶을 긍정적으로 보는 관점에서 바로 그러한 차이를 발견하는 능력이다. 차이의 발견을 통해 우리의 일상을 새로운 관점에서 바라볼 수 있는 지혜를 지닌 사람만이, 대중이 디지털로 인해 발생하는 아날로그적인 창조물을 다시 필요로 하는 결핍을 찾아낼 수 있을 것이며, 그러한 결핍을 보완해주는 구체적인 책으로 만들 수 있을 때에야 종이책의 가능성이 무궁무진해질 것"이라고 했다.

또한 나는 "아날로그와 디지털을 이분법적으로 바라보는 것이 아니라 양자를 정확하게 이해해서 새롭게 발견되는 제3의 '무엇'을 찾아내려는 삼분법적인 사고가 필요하다. 삼분법적으로 바라본다는 것은 모든 것이 아날로그에서 디지털로 발전해 나간다는 직선적 사고의 발전론에서 벗어나는 것이다. 삼분법으로 본다는 것은 과거의 아날로그만 존재하던 농경사회에서 디지털 시대가 도래하고 디지털의 등장으로 인해 새로운 농경사회로 돌아간다는 순환

론적인 사유"라고 했다. 과거의 농경사회가 이동이 자유롭지 않은 농경사회였다면 들뢰즈와 가타리는 이동이 자유로운 농경사회를 유목사회라고 불렀다.

나는 2000년 초에 한 신문에 "아날로그와 디지털은 상극적인 것이긴 하지만 이항 대립이 아니라 상호 보완으로 상생의 길을 찾을 수밖에 없는 것이다. 문자와 이미지의 상생, 아날로그와 디지털의 상생, 책에서도 21세기의 화두는 역시 상생이다"라는 지적이 담긴 칼럼을 발표했다가 담당 기자에게 "아날로그 책에 대한 당신의 애정은 알겠는데 그런 재미없는 이야기는 그만 써라. 아날로그와 디지털 중에서 누가 이길지는 자본이 이야기해주지 않겠느냐?"는 핀잔을 들었다. 그 말을 듣고는 칼럼 연재를 과감하게 포기해버렸다.

나는 『디지털과 종이책의 행복한 만남』에서 유목민적 사유란 전체를 하나로 볼 수 있으면서 각 영역을 마구 넘나들 줄 아는 사유라고 했다. 그것은 바로 "사이버 공간의 등장으로 인해 우주와 아날로그와 디지털을 세 개의 원으로 하여 서로 맞물려 돌아가는 것을 전제로 하는 우주적 상상력이기도 하다. 『슬픈 열대』의 저자인 레비스트로스적인 사고로는 '날 것'과 '익힌 것'만이 아닌 '삭힌 것'을 찾아내야만 하는 것이며, 움직이지 않는[靜] 아날로그도 움직이는[動] 디지털도 아닌 움직이면서도 움직이지 않는[動靜] 것이 있다는 것을 깨닫는 것이다. 이런 삼분법적 상상력은 전체를 하나의 원[圓]으로 상정하여 전체를 굽어볼 수 있는 것이다. 우리는 그러한 상상력을 통해 디지털과 아날로그의 충돌로 인해 발생하는 결핍을 찾아내고, 그 결핍을 보완하는 삶의 구체성이 구현되는 상품을 만들어낼 수 있어야 하는 것"이라고 했다.

나의 출판 인생 40년 중 하반기 20년은 유목적 사유가 없었으면 버티기가 어려웠을 것이다. 나는 늘 제3의 '무엇'을 찾고자 했다. 1999년에 창간한 〈송인소식〉(2004년에 〈기획회의〉로 제호가 바뀜)이나 2010년에 창간한 〈학교도서관저널〉은 현장에서 일하는 이들이 말하는 팩트가 가진 차이를 제시함으로써 장기간 살아남을 수 있었다. 독자는 그 차이를 이용해 상상력을 확보할 수 있었다. 덕분에 지금까지 살아남을 수 있었다. 물론 아쉬움이 없지 않았다. 내 능력의 한계로 깊은 성찰로까지 이어지지 않았다.

2006년에 탁월한 지식인인 이어령은 『디지로그』를 펴냈다. 그는 인간에 대한 믿음을 바탕으로 문명을 냉철하게 바라볼 줄 아는 이였다. 그는 이 책에서 "이항 대립 체계로 이루어진 갈등과 배제의 '한 손 원리'가 아닌, 시간과 공간, 자유(경제-자유 경쟁 원리)와 평등(정치-더불어 사는 평등 원리), 정신과 물질, 생명과 기계, 문명과 자연, 남성과 여성의 이질적 상극 패러다임을 '두 손 원리'로 극복하자"고 주장했다.

이어령이 말하는 '두 손 원리'는 상생이요, 퓨전이다. 인간은 '불'이라는 기술을 발명한 이후 날 것이 아닌 익힌 것을 추구했다.

그러나 김치나 젓갈처럼 날 것도 아니고 익힌 것도 아닌 '삭힌' 것도 추구했다. 그걸 '디지로그'라는 한 단어로 명쾌하게 정리했다. 이어령은 비빔밥을 즐겨 먹고 젓가락을 사용하는 한국인이 감동과 행복을 나누는 관계기술RT; Relation Technology의 따뜻한 디지털 환경을 만드는 데 가장 적임자라고 주장했다. 젓가락이 뜻하는 바는 상호의존성과 관계를 중시하는 배려의 정신이라면서 말이다.

내가 지구력을 강조하는 것은 아무런 전망 없이 무작정 버티자는 것이 아니다. 확실한 전망부터 확보하고 미래를 낙관적으로 바라보자는 것이다. 삶의 현장ground에서 일하는 동안 결핍을 찾아내고 그 결핍을 해소할 수 있는 상품을 만들어내자는 것이다. 결핍이야말로 인간의 욕구이며 기획의 원점이다. 그런 노력을 꾸준히 하는 사람은 언제나 출판시장을 주도할 수 있다.

사람의 마음을 얻는 사람, 연결능력

나는 2006년에 펴낸『출판 창업』에서 출판시장에서 앞으로 가장 중요한 키워드 가운데 하나는 '컬래버레이션'이 될 것이라고 했다. 컬래버레이션이란 협동, 제휴, 공유를 뜻한다. 출판시장에서는 파는 방식만이 아니라 책의 형태도 포함하여 다양한 사람과의 관계에서 지금까지 존재하지 않았던 것을 만들어내는 일이 매우 중요해졌다. 그러기 위해서는 되도록 많은 장소에 얼굴을 내밀고 주위의 네트워크를 엮어가는 기술을 갈고닦는 게 요구된다.

출판업은 제조업으로 분류된다. 그러나 실제적으로는 서비스업이다. 생산은 저자 또는 필자가, 판매는 서점이라는 외부의 개인이나 업체가 수행하기 때문이다. 그래서 출판사 운영자는 되도록 많은 사람을 만나야 한다. 한 편집자는 어제까지 만난 적이 없는 사람을 날마다 한 사람씩 만날 각오가 없다면 출판기획자가 되지 말라고 말했다. 사람은 직접 만날 수도 있고 책으로 만날 수 있다. 요즘은 온라인으로도 얼마든지 만날 수 있다. 저자는 전 세계에서 찾을 수 있다. 요즘 편집자들은 소셜 미디어에서 글을 읽으며 필자를 찾고 있다. 엄청난 팬덤을 확보한 사람을 저자로 내세워서 상업적으로 실패할 확률은 제로에 가깝다.

필자는 되도록 직접 만나보는 것이 중요하다. 잘나가는 편집자로 지내다가 1,000만 엔으로 겐토샤를 창업해 엄청난 상장기업으로 만든 일본의 전설적인 편집자인 겐조 도오루는 평소 문예 출판사 편집자에게 "사람의 정신을 상품화하는 가장 비도덕적인 일을 하기 때문에 튀는 피를 맞을 각오로 작가에게 육박하지 않고서는 가슴속 피고름이나 상처를 안은 사람이 좋은 작품을 써줄 리 없다. 피 흘리며 인생을 걸고 일하라. 그러면 원하는 작품을 얻을 수 있다"고 말했다.

그는 "저자와 사귀려면 단순히 형식적이어서는 안 된다. 자신의 오장육부, 즉 인생을 걸고 사귀라"고 조언했다. 1950년생인 겐조는 1952년생 무라카미 류가 1976년『한없이 투명에 가까운 블루』로 데뷔했을 때부터 친한 친구로 지냈다. 그는 친구인 무라카미 류의 상상력을 위해 한 식당을 두 번 방문한 적이 단 한 번도 없었다고 고백하기도 했다. '미친' 사람이 아니고서야 수십 년을 그렇게 지낼 수가 있을까? 좋은 저자를 만나는 것은 성공의 지름길이다. 그러니 연결능력을 키워야 출판에서 성공하기가 쉽다.

출판 창업자도 자본가라 할 수 있다. 과거의 자본가는 어떻게든 이익을 남겨야 했기에 때로는 탐욕을 부려도 그리 비난의 대상이 되지 않았다. 그러나 초연결사회에서는 타자를 배려하지 않는 자본가는 즉각 소외될 확률이 높다. 이타심이야말로 최고의 미덕인 세상이 되었다. 과거에 비난받을 행동을 한 사람들이 뒤늦게 문제가 되어 퇴출당하는 경우도 늘어나고 있다. 그러니 평상시에 덕을 쌓을 필요가 있다. 10여 년 전의 일이다. 어떤 이가 나에게 출판전문잡지 〈기획회의〉를 이렇게 장기간 유지할 수 있었던 비결이 무엇이냐고 물었다. 나는 돈만 잘 주면 된다고 말했다. 제작비나 원고료, 인세, 인건비 등을 나는 약속한 날에 반드시 지급했다. 그것 하나만 잘해도 많은 이들의 빛나는 아이디어를 확보할 수 있었다. 사람의 마음을 얻으려면 가장 기본적인 일을 잘해야 한다. 원래 마케팅은 주고받는 행위이다. 물건을 주고 대가를 받는 행위이기도 하지만 마음을 확실하게 주면 엄청난 반대급부가 따르기도 한다. 주지도 않고 받기만 하려는 것은 망하는 지름길이다. 되도록 많은 사람의 마음을 얻은 사람은 두려움 없이 꾸준히 전진할 수 있다.

공감을 얻으려는 노력, 이타성

초연결시대와 맞물려 꼭 회자되는 단어는 '테크놀로지 실업'이다. 4차산업혁명시대의 변화를 만드는 거대한 힘은 기술 혁명이다. 기술 혁명으로 인간은 기계에 일자리를 빼앗기게 되었다. 바로 '테크놀로지 실업'이다. 국내에서 책이 여러 권 번역돼 출간된 타일러 코웬은 기계의 지능이 인간의 일과 소득을 어떻게 바꿀 것인가를 설명하고는 했다. 그는 중산층이 사라지는 이유가 '오토메이션(자동화)'이라고 말한다. 코웬이 말하는 오토메이션은 로봇 기술만이 아니라 고성능의 소프트웨어, 인공지능, 사물인터넷 등의 테크놀로지를 모두 포함한다. 코웬은 "지금까지 중산층이 주로 일했던 직업은 피가 흐르는 인간이 아니라 기계나 소프트웨어가 담당하게 될 것"이라고 말한다. 공장노동에 한정된 이야기가 아니다. 로봇이 강아지를 산책시키고 노인을 보살피게 되는 것은 시간문제라고 한다. 자동차를 운전하거나 병을 진단하는 소프트웨어, 짐을 문 앞까지 배달하는 무인 항공기 등이 곧 등장할 것이다. 운전면허가 없는 나는 무인 전기 자율 자동차가 출시되기를 기다리고 있다. 출판은 기술의 발달로 인해 과거에 제작 비용이 오르지 않았다. 그래서 더욱 해볼 만한 일이 되고 있다.

미래를 주도하는 신부유층은 누구일까? 코웬은 "기계와 함께 일할 수 있고, 기계를 발명할 수 있고, 기계에 관한 지적 재산을 소유하고, 기계의 산물을 세계의 소비자들에게 배달하는 사람들은 대단히 부유해질 것"이지만 저임금 서비스업에 종사할 수밖에 없는 대부분의 젊은 남성은 만족스러운 생계를 유지할 수 없게 될 것이라고 말한다. 미래가 부정적인 것만은 아니다. 코웬은 "테크놀로지가 진화해서 많은 분야에서 인간의 노동이 필요 없어진다면 우리가 창조성과 시간을 보다 자유롭게 활용할 수 있다는 면도 있다. 억압적인 상사에게 착취당하며 일할 필요가 없어질지 모른다. 그러나 우리는 정말 그 변화의 덕을 볼 수 있을까? 앞으로 다가오는 것은 새로운 르네상스 시대일까, 아니면 빈곤에 허덕이는 시대일까? 어쩌면 그 양면 모두가 현실이 될지도 모르겠다"고 말한다. 출판은 르네상스에 가까울 것이다.

우리가 로봇을 상용화할 날은 20년~30년 뒤가 될 것이라고 한다. 지금도 스마트폰이 인공지능의 역할을 충분히 수행한다. 그래서 이미 많은 일자리가 사라지고 있다. 600명이 필요하던 공장에선 10명으로 모든 일을 해결하기 시작했다. 스마트농업을 하는 중국인 농부는 서울의 호텔에서 자신의 농장에 물을 주고 온도를 맞춰준다. 우리는 식당에서 키오스크로 주문을 한다. 그로 인해 무수한 일자리가 사라지고 있다. 출판은 기획 같은 핵심적인 업무마저 외주로 처리할 수 있다.

그러나 마땅히 책을 읽어야 했고 읽던 사람들도 책을 읽지 않는 세상이 되었다. 시험을 잘 봐서 좋은 일자리를 차지한 사람일수록 입지가 크게 흔들리고 있다. 의사, 판검사, 교수, 기자 등은 퇴직 이후의 삶에 대한 불안이 심해지고 있다. 마땅히 그런 일자리를 추구하던 사람들도 흔들리고 있다. 그러니 그들이 열심히 읽던 책이 잘 팔리지 않게 됐다. 그렇지만 출판의 미래는 상대적으로 매우 확실하다. 출판사는 혼자서도 운영할 수 있게 되었고 책의 시장은 전 세계로 확대되었기 때문에 성공 확률은 높지 않지만 성공한다면 이익이 클 수 있다. 코로나19로 인한 팬데믹 상황에서도 출판은 안정적인 성장을 할 수 있다는 것이 확인되었다.

하지만 출판의 어려움은 무엇일까? 원래 출판계에는 '9대 1의 법칙'이란 속설이 있었다. 책을 열 권 펴내서 베스트셀러가 된 한 권이 나머지 아홉 권의 출간 비용을 댄다는 법칙이다. 그러나 지금은 책의 생명주기가 매우 짧아졌다. 몇 년 동안 팔리기는커녕 반짝 팔리다가 열기가 식어버리는 경우가 많다. 어느 순간부터 이 법칙은 '1무 9패의 법칙'으로 변형되었다. 열 권 펴내면 한 권만 초판이 겨우 팔리고 나머지는 초판도 채 소화되지 못하는 것을 일컫는다. 초판 부수가 문제다. 학술서는 1,000부, 소설은 2,000부를 찍기도 어렵단다.

다산다사多産多死가 일반적인 세상이 되다 보니 출판사 수와 신간 종수가 급증하고 있다. 대형서점에는 하루에만 300종 이상의 신간이 입고된다. 모든 출판사가 혈투를 벌여야 하는 세상이 되었다. 이제는 블루오션은 찾기가 어렵고 모든 분야가 레드오션이라고 봐야 한다. 이런 현실에서 살아남기 위해 목숨을 걸고 사재기를 하고, 서점의 매대를 사서 책을 진열하고, 온라인서점에 과다광고를 하면서 베스트셀러를 만들려고 혈안이다. 그렇다고 미래가 있는 것이 아니다. 출판사는 직원에게 팔리는 책을 펴내라고 무수한 압박을 가한다.

역사가 있는 출판사마저 책으로 승부를 거는 경우를 찾아보기 어렵다. 팔리는 책으로 돈을 번 출판사들은 부동산으로 재산을 늘리려 한다. 그런 사람일수록 자식만 챙긴다. 100명 중에 성공한 한 명만 바라보고 나머지 99명은 오로지 한 명을 위해 춤을 추는 경제, 인간의 극단적인 이기심이 작동해 심각한 경쟁을 벌이는 정글이 되어서는 곤란하다. 특히 출판은 지극히 공익적인public 업종이다. 공동체의 이익을 위해서 벌이는 경제활동이 넘쳐야 하는 업종이다. 그러나 실상은 그렇지 않다. 과도한 이기심이 작동하는 정글이 된 지 오래다.

출판 창업을 한 사람 중에는 현장에서 경험을 쌓다가 이제 적기라고 판단해 도전한 사람이 없지 않을 것이다. 그런 사람이라도 조급해지게 되어 있다. 빠르게 열 권의 책을 펴내서 그중의 절반은 꾸준히 팔리는 스테디셀러가 되면 얼마나 좋겠는가! 그중 한 권이 밀리언셀러라도 되면 금상첨화일 것이다. 쉽지 않겠지만 설사 그런 일이 벌어져도 살아남기 어렵다. 시장만능주의에 지배받는 사람들은 결코 행복하지 않을 것이다.

나는 출판사가 장기적인 경쟁에서 살아남으려면 이타성과 호혜주의에 입각한 '삶의 경제'를 추구하라고 권유하고 싶다. 나는 2017년에 요다와 플로베르 브랜드를 만들면서 직원들의 급여부터 올렸다. 돈이 있어서 올린 것이 아니다. 그리고 되도록 정시에 퇴근할 것을 권유했다. 당신들의 삶이 행복해야 회사도 잘될 것이라는 논리를 폈다. 그리고 편집자들에게 자율권을 줬다. 내게 들어온 투고원고의 결정권도 되도록 직원들에게 주었다.

한번은 경력이 짧은 편집자가 처음으로 기획 아이디어를 냈다. 나는 회의에서 잠시 들어보고 무조건 진행해보라고 했다. 회의가 끝나자 경력이 있는 편집자가 내 방에 들어와 그렇게 출간 결정을 해서 어떻게 출판사가 굴러갈 수 있겠냐고 걱정을 했다. 그 직원은 경력을 쌓은 뒤 나와 함께 일하게 된 직원이었다. 나는 '그 편집자가 처음으로 기획 아이디어를 냈다. 그러니 기회를 주고 싶다. 성공하면 무조건 좋은 일이다. 그러니 성공할 수 있도록 도와주어라! 그러나 실패하면 더욱 좋은 일이다. 실패의 경험이 편집자를 크게 키울 것'이라고 장담했다.

초판 2,000부가 다 팔리지 않는다고 해서 출판사가 망하지는 않는다. 과도하게 베스트셀러를 추구하다가 망하는 법이다. 그릇을 깨보아야 그릇의 소중함을 안다. 믿고 맡겨주면 '실패(?)'를 한 다음에는 다시는 실패하지 않으려고 최선을 다하는 법이다. 이게 쉽지 않은 일일 수 있다. 그러나 진심으로 믿고 맡겨주면 반드시 이뤄낼 수 있다. 그 편집자는 '실패'함으로써 소중한 지혜를 얻었다. 이후 나름 대박 기획을 했고, 펴내는 책마다 안정적인 결과를 도출하고 있다. 역시 내 생각이 옳았다. 젊은 세대에게는 실패할 기회가 주어져야 한다.

프란스 드 발은 『공감의 시대』(최재천·안재하 옮김, 김영사)에서 인간은 근본적으로 이기적인 동물이며, 생존을 위한 경쟁과 투쟁이 자연의 법칙이라는 오랜 믿음이 잘못됐다는 것을 알려준다. 그는 인간과 가장 유사한 유전자를 가진 침팬지를 관찰해서 결론을 도출하고 있다. 『경제의 속살 1』(민중의소리)의 저자 이완배가 요약한 바에 따르면 "인간은 타인이 아파하면 자신도 아파하는 거울 뉴런을 가진 공감의 존재"다. 호모에코노미쿠스가 아니라 호모엠파티쿠스Homo Empathicus, 즉 공감하는 인간이 우리의 본질이다.

프란스 드 발은 생존경쟁이 자연의 본질이 아니라고 단언했다. 그는 동물과 인간이 선천적으로 공감 본능을 타고났으며, 그로부터 비롯된 이타성과 공정성의 발현은 결국 종의 생존을 위한 자연선택의 결과임을 입증해 보였다. 그는 탐욕의 시대가 지고 공감의 시대가 왔다고 말한다. 인간은 타인의 고통에 아랑곳하지 않고 자신의 이익만 챙기는 존재가 아니라 이타성과 공정성에 따라 움직이는 존재라는 것이다. 그의 말을 직접 들어보자.

공감은 우리가 거의 조절할 수 없는 자동적인 반응이다. 우리는 공감을 억누르거나 정신적으로 차단하거나 행동으로 옮기기에 실패할 수는 있지만, 사이코패스와 같은 극소수의 인간을 제외하면 그 누구도 다른 사람의 상황에 감정적으로 영향을 받지 않을 수 없다. 거의 질문된 적 없지만 아주 기본적인 물음은 이것이다. 왜 자연 선택은 우리로 하여금 다른 인간과 장단을 맞추어 다른 사람이 괴로워하면 괴로움을 느끼고 다른 사람이 기뻐하면 기쁨을 느끼도록 인간의 뇌를 디자인했을까? 만약 다른 이를 이용하는 것만이 중요한 것이었다면, 진화는 공감이라는 사업에 발을 들여놓지 말았어야 했다.

최재천 교수는 『공감의 시대』를 번역하면서 '공감은 길러지는 게 아니라 무뎌지는 것'이라는 사실을 깨달았다고 했다. 이완배 저자는 최재천 교수의 이 말을 인용하면서 "우리는 모두 타인의 고통을 함께 아파할 만한 충분한 공감 능력을 가지고 태어났다. 다만 그것을 잃어가도록 강요받아왔고, 또 잃어가고 있을 뿐이다. 그래서 우리는 이 타고난 본성이 무뎌지지 않도록 노력해야 한다. 타인의 아픔에 공감하고, 서로를 다독이며, 우리의 소중한 본성을 지키도록 애써야 한다"고 강조한다.

소셜 미디어가 득세하면서 공유 경제가 일반화되고 있다. 우리는 모두 연결되어 있으면서 일상이 모두 노출되어 있다. 그러니 공유하려는 마음을 갖고 살아야 한다. 이제 탐욕적인 자본가가 하루아침에 퇴출당하는 경우가 늘어나고 있으며, 이타적인 사람들이 졸지에 뜨는 경우도 늘어나고 있다. 그러니 물건만 팔아서 돈만 챙기면 그만이라는 생각부터 버려야 한다. 사실 그게 쉽지 않다. 오랜 세월 이기적인 욕망만으로 이익을 챙겨온 사람들이 하루아침에 이타적인 사람으로 돌아서기는 어려울 것이다. 천성을 바꾸기가 쉽지 않다. 하지만 타인에 대한 배려의 마음을 갖지 않으면 자신이 먼저 망한다는 사실을 자각해야만 한다.

나는 크라우드 펀딩에 참여해보면서 공감을 얻는 것이 중요하다는 것을 절감했다. 출판사가 찰나적인 이익만 추구해서는 결코 감동을 줄 수 없으며 길게 갈 수도 없다. 대형 베스트셀러를 만들어 크게 돈을 벌면 그게 성공인 시대는 지나가고 있다. 출판사의 역사도 감동적인 이벤트가 되어야 한다. 개인이나 출판사의 일거수일투족이 소셜 미디어에 모두 노출되는 시대다. 추악할 정도로 이익만 추구하던 출판사들이 과거의 악행이 드러나 졸지에 망하는 일이 속출할 것이다. 그러니 처음부터 함께 일하는 직원과 저자에게서 공감을 얻으려고 노력할 필요가 있다. 모든 일에는 균형 감각이 필요하다. 과도한 욕심은 언제나 문제가 된다. 이런 일을 잘할 줄 모르는 사람은 창업을 포기하는 것이 옳다.

13

팬덤을 가진 이들이
출판 창업을 꿈꾸는 이유

출판 창업을 한 사람은 처음 펴낸 책이 대박이 터지기를 꿈꿀 것이다. 그러면 모든 일이 순항할 것으로 여긴다. 하지만 첫 대박이 안정적인 출판사 운영으로 이어지는 비율은 의외로 높지 않다. 과거에는 너무 힘들었지만 초연결사회가 된 이후 단숨에 팬덤을 모을 수 있는 사람들은 대박을 터트리기가 쉽다. 그래서 팬덤이 있는 사람들이 출판 창업을 하려는 경우가 점차 늘어나고 있다. 실제로 유명작가의 출판 창업이 줄을 잇고 있다. 확실한 플랫폼을 확보한 사람들은 콘텐츠를 모으기 쉽기에 출판에서도 단숨에 자리를 잡으려는 꿈을 실현하고자 한다. 안정적인 유튜브 채널 하나만 보유해도 전문 포털, 즉 영향력이 있는 보털을 확보하는 셈이다. 그런 사람은 세상이 하나도 무섭지 않다. 출판으로 성공해서 평생을 즐기며 살 수 있는 꿈을 꾸는 것이라!

아날로그 시대에 출판사를 운영하려면 기본 인력을 확보해야만 했다. 그러나 지금은 기획부터 마케팅까지 모든 업무를 외주로 처리할 수 있다. 일본에서는 2000년대 중반에 이미 편집 프로덕션이 2,000여 개나 존재했다. 판매가 확실해 보이는 책은 기획 입안, 원고 발주, 진행 관리, 제작 같은 모든 편집 실무를 편집 프로덕션에 맡길 수 있었다. 하늘 아래 외주로 처리되지 않는 일이 없다고 보아도 좋다. 프리랜서로 일하면서 글을 쓰는 사람들이 많아져서 빠르게 원고를 만들 수 있었다. 우리라고 다르지 않다. 우리는 일본처럼 공개적으로 일하는 회사는 많지 않다. 하지만 인적 네트워크로 연결돼 일하는 사람이 의외로 많다.

요즘에는 전통적인 마케팅 방법론이 잘 통하지 않는다. 1990년대 중반만 해도 일간신문의 광고가 베스트셀러를 만든다는 기사가 나오기도 했다. 나는 그때 눈만 뜨면 모든 일간신문의 하단 기사(광고지면)부터 훑어보곤 했다. 그렇게 광고의 흐름만 읽을 줄 알아도 세상의 흐름을 읽을 수 있었다. 그러나 신문의 발행 부수는 급격하게 줄어들고 있다. 일간신문 중에서도 겨우 10만 부를 발행하는 경우마저 있다고 한다. 아파트마다 쓰레기 분리수거를 할 때 버려지는 신문을 발견하기 어려울 정도다. TV 앞에 앉아 있는 젊은 사람도 찾아보기 어렵다. 그래서 올드 미디어를 이용한 광고나 홍보 효과는 크게 떨어졌다. 일간신문에 크게 난 기사가 포털 메인에 떠서 수십만이 봤는데도 책 주문으로 연결되지 않는 경우도 많다.

상황이 그러니 독자를 직접 만나기도 했다. 음반이 팔리지 않으니 가수가 라이브 콘서트를 열어 직접 팬들을 만나는 것처럼 저자도 독자를 만나기 위한 다양한 이벤트를 벌였다. 강연회를 열어도 참석자들은 박수만 열심히 칠 뿐 책은 구입하지 않았고, 그들이 떠난 자리를 청소하며 처량한 신세를 한탄하기도 했다. 코로나19가 등장한 이후에는 기존의 이벤트를 벌일 수도 없었다. 오프라인서점에서 매대를 사서 진열해도 판매 효과가 크게 줄었다고 한다. 온라인서점의 초기 노출도 마찬가지다. 광고비를 잔뜩 들여서 노출해도 찔끔 팔리다가 끝나는 경우가 많다.

실제로 오프라인에서 영업자가 해볼 수 있는 일이 대형서점 매대를 사는 일밖에 없다는 자조마저 나올 정도다. 그래서 많은 이들이 책의 존재를 알리기 위한 방편으로 사재기를 한다고 한다. 사재기를 대행해주는 전문 대행사도 있다. 그러나 사재기 행위가 들통나면 크게 망신당하고 심하면 출판계에서 퇴출당할 수 있다.

디지털 출판의 3대 혁명

지금부터 대박을 터트리기 쉬운 환경이 조성되는 과정을 살펴보

자. 나는 〈중앙일보〉 2005년 7월 29일 자에 실린 칼럼 「깊이보기: 인터넷 시대…책의 운명은? '검색하듯' 읽히는 책이 미래의 베스트셀러」에서 "마이크로소프트가 원대한 꿈을 실현하기 위해 2001년에 출시한 'MS리더'를 비롯해 모든 독서단말기는 수익을 내는 데 실패했다. 지금 남아 있는 거의 유일한 희망은 인간이 휴대전화를 통해서 책을 읽을 수 있게 될지도 모른다는 기대"라고 썼다. 실제로 이런 희망은 현실이 됐다.

칼럼을 쓰기 직전의 일본 상황을 알아보자. 일본에서는 2004년에 소니가 리브리에를, 마쓰시타전기가 시그마북을 경쟁적으로 내놓자 독서단말기가 곧 종이책을 대체할 것으로 여긴 정보상업주의자들의 대대적인 공세가 시작됐다. 그해 4월부터 판매가 시작된 소니의 전자책 단말기인 '리브리에 EBR-1000EP'는 본체 내부에 10MB의 메모리를 내장하여 약 20권 분량의 서적을 기록 가능하게 했고 본체 사이즈는 두께 약 13mm, 무게 약 190g의 초박형 경량으로 휴대에도 편리하도록 만들어졌다. 시그마북 또한 성능은 이와 비슷했다.

일본이 2004년을 전자책 출판의 실질적인 원년으로 삼을 정도로 들뜨게 된 이유는 리브리에와 시그마북의 액정화면이 종이책의 해상도에 근접했다는 자신감 때문이었다. 그들은 형광등 불빛에도 반짝거리지 않는 액정화면을 'e-페이퍼'라 불렀다. 2004년에 도쿄도서전의 보이저재팬 부스에서 하기노 마사오키 대표가 보여주는 단말기를 처음 봤다. 그는 들떠 있었지만 이 단말기들의 판매실적은 그야말로 참담했다.

이후에 e-페이퍼는 더욱 발달했다. 지금의 스마트폰은 종이책과 종이신문처럼 종이의 느낌을 그대로 느낄 수 있도록 만든 전자장치가 되었다. 그뿐만 아니라 휴대가 간편하고 표시와 소거가 쉬운 디스플레이가 되었다. 모든 전자책 단말기가 한결같이 종이책의 장점을 추구해온 것 자체가 종이책의 장점을 증명하는 것이지만 전자책 단말기의 참패는 종이책 때문이 아니었다. 2010년에 아이패드가 등장하면서 출판사가 스마트폰 전용 인터넷 사이트에 책의 콘텐츠를 올려놓으면 독자가 스마트기기로 다운로드하여 읽는 일이 대세가 되었다. 이제 우리는 스마트폰 하나로 모든 것을 해결할 수 있게 되었다.

그렇다. 스마트폰은 이미 인간의 신체 일부분이 되어 감정과 기분마저 자유롭게 조절하고 있다. 정보의 노이즈마저 수용하면서 인간의 감성적 세계를 지배하기 시작했다. 이미 청소년은 컴퓨터 메일보다 스마트폰 문자메시지를 더 중시한다. 더구나 문자메시지의 속도성으로 말미암아 무서울 정도로 반응이 빠르다. 이제 스마트폰은 정보 송신 미디어의 '제왕'으로 군림하고 있다. 스마트폰 문자메시지가 입소문을 만드는 일등 공신이라면 인터넷은 그 입소문을 확대하는 '증폭장치'로 작동한다.

인간은 입소문이 난 '상품'에 대한 정보를 인터넷에서 찾는다.

인터넷에서 화제가 되면 출판사 사이트나 온라인서점으로 직접 연결할 수 있어 책에 대한 관심이 실제 판매로 이어진다. 특히 영화나 드라마 같은 다른 매체와의 접속이 원활한 책은 스마트폰을 이용한 콘텐츠 소비가 대세가 되었다. 이미 인간은 스마트폰을 이용해 거의 모든 정보를 소비하고 있다. 나는 한때 스마트폰으로 소비하는 콘텐츠는 지극히 감성적이거나 잘게 쪼개진 정보일 것이며, 따라서 그것을 '읽는다'고 표현하기는 어려울 것으로 보았다. 나뿐만 아니라 다른 이들도 생각이 같았다. 그곳에서 이른바 지성이라는 것이 운신할 것이라고 여긴 사람은 거의 없었다.

글쓰기 방식이 손으로 쓰거나 자판을 두드리는 것에서 엄지손가락으로 누르는 형태로 달라짐에 따라 텍스트의 질 자체가 가벼운 문장으로 바뀌기 시작했다. 실제로 구조의 복잡함 같은 것은 사라지고 매우 한정된 문체, 짧고 간결한 문장, 기묘한 기호의 범람, 빠른 템포의 이야기 구조로 구성된 글이 주로 대중의 선택을 받았다.

영상 시대가 되면서 인간은 텍스트를 멀리할 것으로 여겨졌지만 실상은 달랐다. 인지신경학자이자 아동발달학자인 매리언 울프는 『다시, 책으로』(전병근 옮김, 어크로스)에서 "미국인 한 명이 하루 동안 읽는 단어 수가 웬만한 소설에 나오는 단어 수와 같을 정도"라고 했다. 인간은 눈만 뜨면 무조건 읽는다. 버스를 타고 다니면서도 건물의 광고판에 적힌 글이라도 읽는다.

인간은 스마트폰으로 문자를 게걸스럽게 읽어대면서 영상도 무수하게 소비한다. 두세 살 어린이까지 시간이 날 때마다 한 손으로 화면을 밀어가며 영상과 텍스트를 소비하는 세상이 되자 학교 교육은 책을 함께 읽고 토론하면서 문해력을 키우는 방향으로 바뀌기 시작했다. 그저 읽는다고 해서 해독 능력 자체가 키워지지 않으니 어렸을 때부터 문해력을 키워주지 않으면 무능력자가 되기 때문이었다.

소파에 기대어 TV를 바라보는 걸 '린 백lean back'이라고 하고 스마트폰을 들여다보는 걸 '린 포워드lean forward'라고 한다. 미디어 전문가 이정환은 한 글에서 "'린 포워드' 시청자들은 광고를 견디지 못하는 건 물론이고 5분짜리 동영상 클립 하나도 끝까지 보는 일이 많지 않다. 첫 3초 안에 눈길을 끌지 못하면 다른 채널로 넘어간다. 뉴스는 더 이상 중요도순으로 배열된 50분짜리 패키지가 아니고 시간 맞춰 TV 앞에 앉을 이유도 없다"면서 콘텐츠 패키지가 급격히 해체되면서 지배적인 콘텐츠 채널도 사라지고 있다고 지적했다. 그는 "여전히 좋은 콘텐츠는 팔리지만 이제 채널이 아니라 검색이 콘텐츠 소비의 시작"이라고 지적했다.

지금 모든 읽기의 시초인 검색은 주로 어디에서 이뤄지는가? 구글이나 네이버가 아니라 주로 유튜브에서 해댄다. 게다가 인공지능은 검색형 독서체제를 강화하고 있다. 『2019 앞으로의 일본의 논점』에 실린 「AI가 바꾼 경영, '결과에서 역산'하여 찾은 활로」(나카야마 아쓰시)에서는 "내일 중요한 프레젠테이션이 있어. 오늘 밤에는 초밥, 스테이크, 이탈리아 요리 중에서 무엇을 얼마나 먹고, 몇 시에 잠들면 좋을까"라는 조언을 구하면 AI가 방대한 데이터로부터 개인에게 알맞은 해답을 산출해 "오늘은 아르헨티나 멘도사산 멜롯 레드와인을 반 잔 정도 마시면 푹 잘 수 있습니다"라고 적절한 조언을 전송해주는 세상이 도래했음을 알렸다. 개개인이 하고 싶은 일, 바라는 일을 설정하면 AI가 최선의 조언을 도출하여 성공 확률을 비약적으로 높이는 일이 가능한 시대가 되었다.

스마트폰은 이미 개인 행복의 성취도를 즉각 측정해 알려주기 시작했다. 어떤 일의 다른 목표나 결과를 설정해도 그것을 실현하는 데에 불필요한 과정은 AI가 제거해준다. 마치 자동차 내비게이션이 상황에 맞게 갈 길을 알려주는 것처럼. 우리는 검색만으로도 필요할 때마다 가장 옳다고 예상되는 답을 얻을 수 있게 될 것이다. 손안에 놓인 스마트폰이 바로 AI다. 우리는 이미 스마트폰에다 말만 하면 모든 행동을 하고 난 뒤의 결과마저 즉각 확인할 수 있는 세상을 살아가고 있다.

이것이 바로 읽기 혁명이다. 나는 2000년대 중반부터 디지털 출판의 3대 혁명은 읽기 혁명(검색)과 쓰기 혁명(누르기)과 텍스트(물질성) 혁명이라고 말해왔다. 검색이 가능한 플랫폼에서 스마트기기로 콘텐츠(글과 음성과 영상)를 직접 생산해 올리면서 소비하는 지금의 세상, 그야말로 모든 것이 '모바일'로 통하는 세상이 되면서 3대 혁명은 구체화되고 있다.

우리는 궁금한 것이 있을 때마다 무조건 검색부터 한다. 스마트폰은 말만 해도 즉각 정답을 알려준다. 인공지능이 검색형 독서체제를 강화하고 있으니 이런 경향은 더욱 가속화될 것이다. 디지털 독서는 진정한 읽기로 볼 수 없다는 비판이 아무리 제기되어도 우리는 이미 그런 체제에 적응해가고 있다. 그야말로 전혀 새로운 세상을 우리는 살아가고 있다.

쓰기는 어떤가? 트위터의 글을 분석해 중매하는 데이트 사이트 Ok큐피드OkCupid의 공동 창립자인 크리스천 러더는 『빅데이터 인간을 해석하다』에서 요즘 고등학생은 1990년대의 고등학생이 1년에 한 번 쓸까 말까 한 편지글의 분량을 오전 내내 그만큼 타이핑하고 있으니 향후 2년간 트위터에 올라갈 글자 수가 지금까지 출간된 책들의 글자 수를 합친 것보다 훨씬 많아질 것이라고 주장했다. 그야말로 스마트폰에서 게걸스럽게 쓰고 있다. 이 책이 국내에 출간된 것이 2015년이니 지금은 그런 현상이 더욱 심화했을 것이다.

이렇게 젊은 세대는 스마트폰 하나로 무엇이든 닥치는 대로 읽고 쓰면서 소통한다. 쓰기의 혁명은 누르면서 쓰는 것이다. 컴퓨터를 켜는 일마저 거추장스럽다. 그러니 자판을 두드리는 사람은 점차 줄어들 것이다. 스마트폰의 메모장이나 어디에든 자신만의 방을 만들어놓고 '게걸스럽게' 쓰고 있다. 이렇게 읽기와 쓰기가 이뤄지는 공간은 스마트기기 하나로 모이고 있다. 텍스트를 읽는 공간이 종이책에서 스마트기기의 액정화면으로 옮겨진 것이 바로 텍스트(물질성) 혁명이다. 스마트기기의 재생장치가 가진 다양한 기능은 독자와 콘텐츠 제공자의 새로운 관계성을 만드는 결정적인 열쇠가 되었다. 그야말로 초연결성의 사회가 아닌가! 모두 연결되다 보니 디지털 출판의 3대 혁명은 완성되어가고 있다.

열 가지 관점에서 예측한 책의 미래

나는 코로나19가 4차 산업혁명 화룡점정의 마지막 기술처럼 작동하고 있다는 칼럼을 쓴 적이 있다. 수많은 사람의 목숨을 앗아간 바이러스를 이렇게 말해서는 안 되겠지만 세상이 혁명적으로 변했는데도 사람들이 변하지 않으니 내가 그런 것이다. 코로나19는 세상이 완전히 달라졌다는 것을 알려주면서 우리에게 빠르게 변화할 것을 촉구했다. 이제 우리는 줌zoom으로 강연을 한다. 이런 강연을 세상 어디에서나 들을 수 있다. 비대면으로 회의하거나 일하거나 연결되는 일은 이제 일상이 되었다.

급격한 사회변동은 마케팅의 기회다. 이런 시대에 출판사에서는 어떻게 마케팅을 해야 대박을 터트릴 수 있을까? 가장 중요한 것은 임팩트가 강한 책을 펴내는 것이다. 고단샤에서 평생 인문서 기획자로 지낸 와시오 겐야가 정년퇴직 후 펴낸 『편집이란 어떤 일인가』에서는 출판기획 삼각형의 세 꼭짓점으로 가치(임팩트), 실현성, 판매부수(채산성) 등을 제시했다. 그는 임팩트가 문화적 가치나 학술적 가치와 동의어라고 했다. 갑자기 매우 중요한 사회적 이슈가 돌출적으로 등장했을 때 곧바로 책이 출간되지 않으면 그 주제에 대한 관심은 즉각 사라진다. 그러니 임팩트가 강한 멋진 기획일지라도 실현하지 못하면 망상으로 끝난다. 망상과 기획은 종이 한 장 차이다. 망상을 실현하면 멋진 기획이 된다. 아무리 의미 있는 기획이라도 팔리지 않아 이익을 내지 못한다면 출판사는 버틸 수 없다.

한 사례를 살펴보자. 한 신생출판사는 코로나19 시대가 비대면의 시대라는 것을 임팩트가 강하게 설명하는 책을 첫 책으로 펴냈다. 이미 준비하고 있던 책이었지만 코로나19로 상황이 변하자 시대 분위기에 맞게 포장만 살짝 바꿨다. 그리고 책 시장에서 가장 영향력이 큰 유튜버에게 출간 사실을 미리 알리고 출간 일자를 확정했다. 대형 온·오프라인서점의 MD를 만나 출간 사실을 알리자 MD의 눈동자가 빛나는 모습이 즉각 확인됐다. 그들은 이 책의 판매부수를 늘릴 수 있도록 할 수 있는 모든 능력을 투입하기 시작했다. 언론에서는 경쟁적으로 책을 소개했다. 책을 읽은 독자들은 즉각 독후감을 올리기 시작했다. 그야말로 출판사가 할 일은 없었다. 책은 순풍에 돛단배처럼 팔려나갔다. 얼마 되지 않아 10만 부를 훌쩍 넘겨버렸다. 외국의 출판사가 판권을 사 가기 시작했다.

이 출판사의 대표는 경력이 많은 이였다. 편집자로 시작해서 경영에 주로 참여했기에 어떻게 해야 베스트셀러가 되는지를 충분히 공부한 이였다. 그는 현장에서 일하면서 수많은 베스트셀러를 펴낸 경험이 있었지만 자신의 첫 책을 펴내서 대박을 터트리고서야 세상이 이렇게까지 변했다는 것을 확실하게 깨달았다고 한다. 그런데 이런 대박 상품을 펴내는 사람은 주로 초보자다. 그야말로 초보자가 일을 내는 세상이다.

한국 출판 역사에서도 일을 낸 초보자는 많다. 과거에 대박은 손에 잡힐 듯하면서도 잡히지 않는 신기루와 같았다. 그래서 자본력이 없는 조직에서는 '미다스의 손'이 탄생하기 어려웠다. 그런데 큰 조직은 대부분 위계질서가 잘 잡혀 있다. 지금은 그런 조직이 오히려 대박을 내기 어렵다. 논의 구조가 복잡한 조직은 빠른 판단을 하기 어렵다. 경력자들은 새로운 발상을 하는 초보자들을 가르치려 들기 때문에 새로운 발상의 소통을 막는 역할만 하는 경우가 많다. 밀리언셀러 저자들은 초보인 경우가 많다. 그런 '물건'을 찾아내는 이들도 의외로 초보자가 많다.

자신에게 찾아온 '대박'의 기회를 절대 놓치지 말아야 하겠지만 도박만 좇다가는 패가망신할 수 있다. 그러니 전문 브랜드부터 만들 필요가 있다. 나는 '요다'와 '플로베르' 말고도 '북바이북', '어른의시간', '백화만발' 등 각 분야에 특화된 임프린트를 갖고 있다. 전문화된 브랜드를 갖고 거기에 맞는 팬덤의 규모를 키워나갈 생각이다. 일정한 규모의 팬덤만 확보해도 출판사는 대박을 내지 않고도 안정적으로 굴러갈 수 있다. 하지만 세상은 기술과 환경의 변화를 이용해 대박 시리즈를 펴내려는 시도로 가득하다.

김재원 ㈜알다 콘텐츠 기획 총괄 이사는 〈기획회의〉 531호 (2021. 3. 5)에 발표한 「에듀테이너로 성장한 인포테이너, '교양 예능'의 시스템을 재구축하다」에서 예능인문학이 출판시장의 트렌드를 완전히 바꾸어놓은 과정을 잘 정리해 설명하고 있다. 그의 정리를 바탕으로 최근의 흐름을 요약해보자. 처음에 MBC의 인기 예능 프로그램인 〈무한도전〉에서 역사를 활용해 아이돌 간 퀴즈대결을 벌이는 식으로 역사를 활용하기 시작했다. 얼마 뒤 같은 프로그램에서 힙합 음악 가사에 '국뽕' 한가득한 역사(라고 입에 담기 민망한)를 마구잡이로 때려 넣는 프로젝트를 시도하기도 했다.

이 가운데 떠오른 사람이 설민석이다. 설민석은 에듀테이너로 명함을 새롭게 팠다. 그의 비상은 예능과 인문학을 끈적하게 결합해 새로운 방송 트렌드를 만들었다. 공중파에서부터 케이블, 종합편성채널까지 내로라하는 방송국에서는 교양 예능 대표작 하나씩은 가지고 있다. 그는 방송들과 결합하여 방송가의 트렌드마저 바꿔버렸다. 그렇게 바뀐 트렌드는 정규방송에만 머물지 않았다. '인문학'을 팔아 정규방송에서 얻을 수 있는 수익은 사실 크지 않았다. TV 방송에서 노출되는 '인문학'은 그럴싸한 외피를 입혀주는 수단에 불과했다. 본격적으로 '인문학'이 판매되기 위해서는 높은 인지도와 브랜드를 바탕으로 유튜브로 진출해야 했다. 구독자를 늘리고, 조회 수를 꾸준히 늘려나간다면 유튜브 수익이 방송 수익보다 안정적이었다.

TV로 쌓은 인지도는 유튜브 시장에서의 출발점을 다르게 만든다. 콘텐츠가 약하면 제아무리 인지도가 있더라도 유튜브 시장에서 성공할 수 없다. 하지만 방송국과 결합한 에듀테이너들은 이미 '퀄리티'가 다른 영상으로 유튜브를 시작한다. 이는 단순한 TV 속 재방송과는 다르다. TV 속 단편 지식 안에서도 더 쪼개어진 '티끌 지식'이 유튜브로 재생산되고, 그 지식은 '짤'이라는 이름으로 엄지손가락 세상 속 구석구석으로 퍼진다.

여기서 마지막 타자인 출판사가 등장한다. 출판사 입장에서 TV를 통해 쌓은 인지도와 이를 바탕으로 만들어지는 유튜브 채널은 너무나 매력적인 홍보 수단이다. 2,000부~3,000부만 팔려도 '대박' 소리를 듣던 인문학 출판시장에서는 수십만 부가 판매되는 책들이 줄줄이 탄생했다. 그래서 인기 저자가 된 에듀테이너는 그 책을 갖고 다시 방송국으로 간다. 그렇게 새로운 프로그램이 하나 만들어지고, 그 프로그램을 쪼갠 콘텐츠가 유튜브에서 재생산된다. 책은 더 잘 팔린다. 돌고 돈다. 이런 시스템으로 탄생한 시리즈가 줄줄이 베스트셀러 목록을 장식하고 있다. 이제는 이 시스템이 콘텐츠 시장에서 대세가 되었다. 설민석의 콘텐츠에 오류가 많다는 지적이 있자 그는 잠시 방송에서 하차할 수밖에 없었다. 하지만 그의 책 인기는 여전히 식을 줄 모른다. 앞으로 제2, 제3의 설민석은 계속 등장할 것이다.

이러한 흐름이 대세가 되면서 일부 대형출판사는 모든 온라인 마케팅 채널을 통합해 독자와의 멤버십 비즈니스를 추구하면서 승승장구하고 있다. 하지만 대부분의 중소형 출판사는 마케팅을 시도해볼 여지마저 찾지 못하고 있다. 팬덤이 있는 유명 저자나 유명 에듀테이너가 스스로 출판 창업을 하겠다는 의지를 보이는 것은 이런 변화를 감지했기 때문이 아닐까! 그 바람에 독립(1인)출판과 상업출판의 경계마저 점차 허물어지고 있다.

2019년만 해도 인기 유튜버가 베스트셀러를 만든다는 이야기가 나돌았다. '유튜브의, 유튜브에 의한, 유튜브를 위한' 책들의 전성시대가 시작되었다고 회자되기 시작했다. 그러나 팬데믹이 상황을 다시 바꿨다. 벌써 유튜브의 노출도 출판사가 대대적으로 하지 않으면 효율이 적다. 일부 유튜버의 '뒷광고' 논란 이후 신뢰를 잃은 탓도 크다. 팬덤이 있는 저자의 책은 각종 SNS노출, 카드뉴스 제작, 외주 채널('소행성 책방', '책끝을 접다') 등을 이용한 노출을 시도하지만 비용에 비해 효율이 크지 않아 전전긍긍하는 경우가 많아지고 있다. 다시 발상의 전환이 필요하다. 아마도 '메타버스'와 같은 새로운 소셜 미디어가 베스트셀러를 만든다는 이야기가 곧 등장할지도 모른다.

우치누마 신타로는 『책의 역습』에서 카레도 책이 될 수 있다고 주장했다. 그는 "책의 미래나 가능성에 관해 생각해두어야 할 점 가운데 첫 번째이자 대전제가 바로 '책의 정의를 확장해서 생각'하는 것"이라고 주장했다. 책의 정의를 '출판 유통에서 취급하는 것'

에서 '책장에 꽂을 수 있는 것'으로 확장해보면 '카레도 책(과 같은 것)'이라는 그의 주장은 파격적이지만 매우 신선했다.

그는 『책의 역습』에서 책의 정의를 확장해서 생각하다, 독자를 우선적으로 생각하다, 책을 하드웨어와 소프트웨어로 나누어 생각하다, 책의 최적의 인터페이스에 대해 생각하다, 책의 단위에 대해 생각하다, 책과 인터넷의 접속에 대해 생각하다, 책의 국경에 대해 생각하다, 제품으로서의 책과 데이터로서의 책을 구분해서 생각하다, 책이 있는 공간에 대해 생각하다, 책의 공공성에 대해 생각하다 등 열 가지 관점에서 책의 미래를 예측했다. 나는 그의 발랄한 상상에 감탄해 그의 주장을 다르게 변주해서 생각해보곤 했다. 나는 그의 열 가지 관점으로 다음과 같은 질문을 만들어 함께 토론을 벌이기도 했다.

1) 카레도 책이 된다고?

2) 카피&페이스트가 불가능한 전자책은 물론 도태될 것이라고?

3) 스마트기기로 무언가를 읽고 있는 사람이 과연 책을 읽을 것인가?

4) 검색에 자주 걸리면 책은 잘 팔릴 것인가?

5) YouTube가 15분, Instagram이 15초, Vine은 6초다. 그렇다면 책은?

6) 인터넷에 접속한 독자들이 함께 책을 읽을 것이라고?

7) 자동번역으로 해결할 수 있으니 책의 국경이 사라진다고?

8) 책도 크라우드 펀딩 플랫폼을 통해서 팔 수 있다고?

9) 구글이나 아마존이 꿈꾼 '한 권의 책'은 가능할 것인가?

10) 모든 정보를 인터넷에서 무료로 다운로드할 수 있는 세상이 올 것인가?

과거에는 책은 오로지 책이었다. 홀로 독야청청할 수 있었다. 그러나 지금 시대에 책은 늘 새로운 얼굴과 다양한 방법으로 독자의 디바이스와 미디어 채널에 접근할 수 있어야만 한다. 책의 근엄함에서 벗어나지 않으면 미래가 없다. 지금까지 책은 IT업계의 요구에 따라 변화를 강요받았다. 그러나 앞으로는 출판업계 스스로 변화를 주도해야만 한다.

지금 출판업계가 경험하는 변화는 근본적으로 다양한 요인에서 발생하고 있다. 그중에서 가장 중요한 것은 디지털화와 글로벌화다. 세계의 대형출판사들은 종이책 매출 감소를 전자책이나 오디오북으로의 디지털화와 세계시장에 대한 저작권 판매로 극복하려고 분투하고 있다. 아니 오히려 새로운 기회를 맞이하고 있다. 그러니 대박 상품을 펴내는 데에만 목숨을 걸 것이 아니라 콘텐츠 사업으로 접근하겠다는 자세부터 확립되어야 한다.

종이책 출판은 거의 모든 국가에서 감소하고 있다. 하지만 그만큼의 손실을 디지털 콘텐츠를 통해서 채우는 경우도 점차 많아지고 있다. 이제 원천 콘텐츠를 생산해서 승부를 내려는 사람들이 늘어나고 있다. 출판과 독서가 음악, 비디오, 게임 등 각종 콘텐츠 스트리밍 서비스와의 경쟁에서 생존하고 성장할 수 있는 전략도 도입되고 있다. 이는 콘텐츠 개발과 유통 분야와 직결된다는 점에서 기존의 시장 참여자들이 직면하는 현실이다. 저자와 출판사, 유통사와 독자를 연결하는 가치사슬은 끊임없이 변화하며 재정의되고 있다. 무엇보다 '책을 읽지 않는 독자'들을 적이 아닌 아군으로 만들기 위한 노력이 꾸준히 전개되지 않으면 우리에게 미래는 없다.

14

팔리는 텍스트를
최대한 빨리 확보하는 법

조세희의 『난장이가 쏘아올린 작은 공』 연작은 1975년 12월부터 3년여에 걸쳐 잡지에 발표된 이후 1978년에 단행본으로 출간되었다. 최인훈의 『광장』은 1960년에 발표되었다. 최인훈 전집의 1권인 『광장/구운몽』은 1976년에 출간되었다. 두 책은 지금도 한국소설 베스트셀러 순위 상위권에서 빠진 적이 없다. 43년 혹은 45년 동안 잘 팔리며 현대문학이지만 고전 반열에 오른 두 소설은 대단한 스테디셀러다. 이런 책을 펴낼 수 있는 출판사는 두려움 없이 출판을 지속할 수 있다. 그러나 이런 행운을 누리는 출판사나 책은 극히 드물다. 두 소설은 문학사에 남을 책들이다. 이런 원고로 책을 펴낼 수 있으면 얼마나 좋을까? 그러나 그런 원고를 얻기가 너무나 어렵다.

전반적으로 책의 생명주기는 점점 짧아지고 있다. 대형서점의 신간 코너에 진열되어 있다가 사라지는 3일이 생명주기라 해서 책이 요구르트의 생명주기와 같다고 말하기도 한다. 출간 초기에 좋은 반응을 얻지 않으면 책은 곧바로 사라진다. 가끔 아주 대단한 추천을 받거나 특별한 사건과 맞물려 책의 새로운 효용이 발견되어 역주행하는 경우가 없지 않으나 대체로 한번 '죽은' 책을 다시 살려내기가 쉽지 않다. 베스트셀러가 된 적이 없는 책은 스테디셀러가 되기도 어렵다.

출판사들은 팔릴 만한 책이면 공격적인 영업을 하게 마련이다. 온라인서점이 등장하기 전에는 서점에 책이 진열되는 것 자체가 발견성이 확보되는 일이었다. 그래서 대량부수를 제작해 서점으로 내보낸다. 대형출판사에서 펴낸 책은 일단 책이 출고되기만 하면 대부분 수금도 가능했다. 우리나라의 유통시스템은 일본 것을 거의 그대로 베꼈다. 일본에서는 신간을 펴내면 바로 돈이 된다고 해서 책을 위폐僞幣라고 불렀다. 일본은 대형출판사의 위세가 유난히 크다. 매출이 엄청난 출판사들은 신간을 펴내 닛판日本出版販賣이나 도한東京出版販賣 같은 도매상을 통해 과도하게 깔고 바로 수금했다. 대형 오프라인서점이 많은 일본에서는 지금도 이 방식이 어느 정도는 먹힌다. 견물생심이라고 서점에 깔려 있어야 책이 팔리니 이런 영업을 하지 않을 수 없다.

영업자는 되도록 많이 배본하고 바로 수금해오려고 한다. 초판을 50만 부나 100만 부를 발행했다는 사실 자체가 알려지면 크게 관심을 끈다. 이런 영업 행위를 '밀어내기'라고 불렀다. 밀어내기를 할 때 책의 상품성뿐만 아니라 광고 규모와 홍보 가능성을 서점에 알려야 했다. 밀어내기는 성공하면 아무 문제가 없지만 책이 팔리지 않으면 심각한 문제가 발생한다. 바로 반품이 되어 돌아온다. 서점에 도착하자마자 바로 반품이 오기 시작하면 U자로 돌아서 들어오던 반품이 I자로 바로 돌아오기 시작한다. 반품을 받아서 소진될 가능성이 없으면 잘라서 폐기처분을 해야 한다. 엄청난 손실이다. 2000년대 중반에 한 인기작가의 책은 초판을 5만 질만 발행했는데도 하루에 한 트럭 분량의 책들이 반품되어 들어오기도 했다. 그 작가의 다음 작품은 다시 엄청나게 팔려 나갔지만.

서점에서 반품이 많아지면 빚을 진 것이니 서둘러 신간으로라도 메워주어야 한다. 이런 영업을 '자전거식 조업'이라고 한다. 자전거는 페달을 계속 밟아주지 않으면 쓰러진다. 계속 밀어내기를 하면서 신간을 펴내주지 않으면 출판사는 망한다. 그래서 빠른 속도로 신간을 펴내야만 한다. 나중에는 자전거 페달을 돌리는 수준으로는 안 되고 헬리콥터의 프로펠러를 돌리듯 빨리 신간을 펴내야 한다 해서 '헬리콥터식 조업'이라는 말까지 등장했다.

우리는 어떤가? 신간이 나와도 도매상을 통해 깔 수가 없다. 도매상은 책을 배본할 소매서점이 없다. 온라인서점이 등장하기 전에는 도매와 소매 비중이 6대 4였지만 지금은 도매 비중이 10% 내외에 불과하다. 도매상도 책을 배본할 소매서점 거래처가 별로 없다. 여전히 소규모 서점은 학습참고서만 주로 취급하고 있다. 독립서점은 알아서 주문을 하지만 신간을 '까는' 것 자체가 불가능하다. 중형서점들은 휘청거리니 이들도 책을 잘 받지 않는다. 온라인서점은 독자가 주문을 해야 출판사로 주문을 하니 미리 깔 필요가 없다. 물론 출판사와의 협상을 통해 온라인서점이 대량주문을 하는 경우가 없지 않다. 마케팅이 뛰어난 출판사는 초장에 판세를 장악해가지만 이제 막 태어난 1인출판사는 책을 배본도 못 해보고 주문이 오기만을 마냥 기다려야 한다.

베스트셀러의 정의 중에 "평상시에 책을 보지 않던 사람들이 사 보는 책"이라는 것도 있다. 평상시에 책을 읽지 않는 사람들이 베스트셀러가 되어 화제가 되니 사 보는 책이라는 뜻이다. 요즘 과연 그런 책이 있을까? 유튜브만으로도 많은 정보를 얻을 수 있을 뿐만 아니라 시간을 잘 보낼 수 있다. 그러니 베스트셀러의 확장성이 크게 떨어졌다. 중고서점의 유행도 한 원인이지만 무엇보다 독자는 자기 확신이 없으면 책을 사 보지 않는다. 도서관에서 책을 빌려 보기 좋은 환경이 조성되어 있어 신간이 어느 정도 팔리면 바로 꺾이는 경우가 대부분이다. 그래서 장기 스테디셀러도 거의 소멸하고 있다.

14. 팔리는 텍스트를 최대한 빨리 확보하는 법

말하기와 쓰기의 접점을 공략하는 것

세상은 빛의 속도로 변한다. 독자는 궁금한 것이 있을 때마다 검색으로 확인한다. 새로운 이슈에 독자의 관심이 쏠릴 때 저자를 찾는 것은 너무 늦다. 운 좋게 글을 써놓은 저자가 나타나면 하늘이 내린 기회일 것이다. 그런 요행을 기다릴 수는 없다. 그러니 빨리 글을 만들어내는 능력을 평상시에 키워놓는 것이 중요하다. 지금까지 내가 무수히 말해온 것이지만 지금 이 시점에서 창업자에게는 너무 중요한 것이니 동어반복을 각오하고 다시 정리해보겠다.

나는 구어체의 중요성을 유난히 강조해왔다. 우리는 지금 영상 시대에 살고 있다. 이성(유토피아, 시스템, 프로그램)이 아닌 영상(정서와 환상)이 매혹의 패러다임인 비데오스페르(시청각 시대)인 것이다. 글쓰기 또한 명문과 미문을 만들어낼 능력을 지닌 일부 지식인의 전유물이 아니다. 모든 사람이 글이나 말로 일상적으로 표현하는 시대다. 법(독단주의)보다도 의견(상대주의)이 복종의 원동력인 시대다. 대중은 이야기를 갈구한다. 활자문화 시대에는 만인이 우러러보게 만드는 '문체'가 중시됐지만 영상 시대에는 단숨에 상대를 설득할 수 있는 '이야기'를 만드는 것이 중요하다. 2010년대 중반 이후 해마다 베스트셀러 상위권에 있는 책 중에서 구어체 문장이 아닌 책을 찾아보기 어려웠다.

내가 구어체에 관심을 갖게 된 것은 2001년의 일이다. 가상대화 형식을 도입한 『공자 노자 석가』(모로하시 데쓰지, 동아시아)가 출간되자마자 베스트셀러 상위권에 진입했다. 이 책은 1983년과 1991년에 두 차례나 출간되었지만 빛을 보지 못했는데 2001년에 비로소 주목을 받았다. 구어체의 텍스트 서술 방식은 디지털 시대에 적응하는 방식으로 바뀌었다. 구술이 문자로 정착되어서 구어 시대에는 존재했을 말하는 사람의 분위기, 기분, 신분, 표정 등에 대한 표현은 배제됐다. 그러나 디지털 공간에는 우리가 상상하는 것 이상으로 영상과 말과 음악을 아우르는 콘텐츠가 무수히 등장하고 있다. 일종의 '신구어 시대'가 도래했다. 배제됐던 것은 다시 복원되기 시작했다.

일본 출판시장에서 구어체의 책이 크게 반응을 얻은 것은 『바보의 벽』(요로 다케시), 『국가의 품격』(후지와라 마사히코) 같은 초대형 베스트셀러가 등장한 2003년이었다. 『바보의 벽』은 뇌과학 전문가인 저자가 강연이나 방송에서 말한 것을 편집자가 글로 정리해서 펴냈다. 저자는 자신이 직접 글을 쓴 것이 아니라 방송이나 강연에서 '말한' 것을 편집자가 정리했고 그것을 책으로 내는 것을 허락했다고 서문에서 밝히고 있다.

유명한 저자는 바빠서 글을 쓸 시간이 없다. 후지와라 마사히코는 경제지상주의와 글로벌화를 비판하면서 무사도 정신으로 돌아가자는 주장을 펼치고 있었다. 그게 장기 불황으로 힘겨워하는 대중에게 먹힐 것 같았다. 『바보의 벽』으로 재미를 본 편집자는 후지와라의 주장이 먹혀들 것으로 판단하고 '바쁜' 후지와라에게 처음

　14. 팔리는 텍스트를 최대한 빨리 확보하는 법

부터 책을 펴낼 목적으로 두 차례의 강연을 부탁했다. 두 시간 강연하면 200자 원고지로 200매가 나온다. 두 번을 했으니 400매가 된다. 거기에 머리말을 받고 표와 그래프, 사진, 찾아보기 등을 가미하면 한 권의 멋진 신서가 된다. 일본의 신서는 보통 200자 원고지로 400매~500매다.

두 책은 신초신서였다. 신초신서는 창간(일본은 신서를 창간한다고 말한다) 3년 만에 1,000만 부를 돌파했다. 그중 『바보의 벽』과 『국가의 품격』이 700만 부를 차지했다. 두 책은 이후에도 꾸준히 팔렸다. 일본의 서점에는 『남자의 품격』, 『여성의 품격』, 『어린아이의 품격』, 『남자아이의 품격』, 『여자아이의 품격』 등 '품격'이라는 단어가 들어간 책이 줄지어 출간됐다. 서점에서 '품격'을 뽑아내면 휑하게 빌 정도였다.

두 책이 크게 성공하자 일본에서는 편집자에게 '북 앵커' 능력이 필요하다는 말이 나돌았다. 과거에 편집자는 유명 저자의 집에 가서 술도 마시며 화장실 문고리를 몇 번 잡았느냐에 따라 능력을 평가받았지만, 이제는 저자에게 어떤 말을 하게 하느냐가 중요하다고 했다. 강연의 세부 차례를 잘 짜서 말을 잘하게 하고 책을 빨리 펴내서 많이 팔면 능력을 인정받는 일이 속출했다.

강의를 기반으로 한 구어체 문장은 '이론'이 아닌 강한 인상을 주는 팩트(사람, 사물, 사건)를 제시함으로써 감정교감이 잘 이뤄진다는 장점이 있다. 우리 출판계에도 강의나 인터뷰를 기반으로 한 구어체 문장의 책이 차고 넘쳤다. 심지어 한 시간 강의한 것을 책으로 펴낸 경우도 적지 않았다. 하지만 이런 책은 한계가 없지 않다. 구어체 문장은 '정보의 휘발성'이라는 치명적 약점이 있다. 그것을 보완하기 위한 편집자의 노력이 절실하다. 책은 문자와 이미지가 상생해야 한다. 정보의 휘발성을 보완하려면 표, 그래프, 이미지를 잘 사용해야 한다. 이미지가 없으면 만들 줄 알아야 한다. 인포그래픽이 대표적이다. 요즘은 인포그래픽만으로도 훌륭한 책이 탄생한다.

이 시대에 개인에게 필요한 '교양'은 달라지고 있다. 이 시대의 교양은 정보나 지식이 지닌 가치의 원근감을 정확하게 파악할 수 있는 안목일 수 있다. 달리 말하면 교양은 많은 지식을 알아서 저장하고 보관하는 것이 아니라, 그 지식이 전체의 어느 부분에 위치하는지를 제대로 아는 능력이다. 그런 능력을 가진 사람은 자신이 즉각 동원할 수 있는 정보를 모아 필요한 어떤 것을 곧바로 만들어내는 지식, 즉 브리콜라주적인 지식을 갖춘 사람이기도 하다. 따라서 교양의 힘은 '몰입' 혹은 전문專門을 상대화하고 거리화하는 힘, 바로 역량이다.

홀로 존재하는 정보는 데이터에 불과해 아무런 의미가 없다. 그러나 정보와 정보를 비교하면 차이가 드러난다. 기호학에서는 이 차이를 변별이라고 하는데 이 차이가 의미를 만든다. 인포그래픽만으로 만들어진 책들은 정보와 정보를 비교해 차이가 발생하는 모습을 무수히 보여준다. 독자는 이런 책을 통해 직접적인 사실과

건조한 통계의 무의미한 나열이 아닌, 정보와 정보 사이의 관계와 맥락을 한눈에 파악한다. 이런 책은 단지 읽기만 하는 것이 아니라 읽고, 보고, 만지며, 오감으로 느끼는 책이다. 이런 책에 이야기성을 가미해 누구나 반드시 알아야 할 지식을 좀 더 세련된 편집으로 보여줄 수 있다면 좋은 결과가 저절로 도출될 것이다.

클라우드와 텍스트

코로나19는 텍스트를 생산하기에 더없이 좋은 환경이 조성됐음을 알려주고 있다. 나는 우리 시대에 중요한 화두를 던진 한 저자와 대담을 나누고 책으로 펴내기로 약속했다. 하루를 비워놓았지만 하루가 모두 필요할 것 같지가 않았다. 미리 차례를 구성하고 편집자에게 감수를 받았다. 나는 저자의 클라우드에서 그가 쓴 글, 강연, 기사 등을 미리 살펴보면서 공부를 했다. 대담 내용은 자동으로 텍스트화된다. 이를 기초로 편집자들이 책을 만들 것이다. 이것은 꼭 마주 앉아서 해야만 하는 것은 아니다. 지구 어디에서나 접속할 수 있다. 이런 방식으로 텍스트를 만들면 빠르게 책을 펴낼 수 있다.

개인이 책을 펴낼 때도 글을 쓰지 않고 줌을 비롯한 온라인 도구에 대고 말을 하면 된다. 말은 자동으로 텍스트로 만들어진다. 그걸 다듬으면 된다. 텍스트는 편집자를 비롯해 관계자 모두와 공유할 수 있다. 여러 번 수정을 거쳐도 앞의 버전은 모두 자동으로 보관

된다. 출판에 너무 좋은 환경이 조성된 것이다. 어쩌면 신천지가 도래한 것과 같다. 우리는 이미 그런 세상에 살고 있다는 것을 코로나19로 인해 절감했다. 다만 책을 만드는 과정에서 속도를 얼마나 낼 수 있느냐가 문제가 될 뿐이다.

이제 가장 중요한 것은 독자가 즉각 관심을 보일 임팩트가 강한 주제를 찾아내는 일이다. 주제를 찾아냈다 하더라도 맞춤한 필자를 찾아내는 일이 쉽지 않다. 한 사람의 확실한 필자가 없다면 우리는 집단지성을 활용할 필요가 있다. 나는 이미『교사가 진짜 궁금해하는 온라인 수업』을 출간하면서 그런 경험을 한 바 있다. 그리고 그 과정을 정리해 글로 발표한 적이 있다. 그걸 다시 간단하게 정리해보자.

작년 4월 초 학교도서관저널에서 '온라인 수업'이라는 뜨거운 주제에 관한 책을 기획하는데 필자들이 2년 차~3년 차 교사들이라는 말을 듣고 나는 그들이라면 기동력이 있는 데다 제대로 쓸 수 있을 것 같다고 대답했다. 수십 년 경력의 교사들은 빠르게 환경 변화에 적응하며 글까지 써내기는 쉽지 않을 것이라 판단했다. 이런 책은 빨리 펴내는 것도 중요하다. 그 말을 한 지 약 3개월 만에『교사가 진짜 궁금해하는 온라인 수업』이 출간됐다.

두 권 모두 교사인 저자들이 퇴근 후 시간을 할애하며 에너지를 집중하고 놀라운 팀워크를 보여준 덕분에 한 달 만에 원고가 완성되었다. 여기에 숨은 공신을 하나 더 꼽자면 그건 바로 클라우드일

14. 팔리는 텍스트를 최대한 빨리 확보하는 법

것이다. 언제 어디서든 파일 접근과 확인 및 연속 작업이 가능하다는 클라우드의 특성은 공동 집필 과정에서 특히 빛을 발했다.

클라우드를 활용하여 공동 집필을 하면 무엇보다 효율성이 높아진다. 집필을 제외한 부차적인 절차나 과정을 상당 부분 줄일 수 있다. 예를 들어 기존에는 회의에서 논의한 내용을 누군가 따로 정리하고 그걸 다시 파일로 주고받는 과정이 발생한다. 클라우드에 회의 내용을 기록하면 굳이 주고받지 않아도 되고 누락된 내용을 추가하거나 변경 사항을 실시간으로 반영하고 공유하기에 용이하다. 또한 회의 자체를 녹화한 파일을 공유 폴더에 올려두면 회의에 불참한 사람에게 따로 내용을 전달하지 않아도 된다. 각자 갖고 있는 참고 자료를 한 폴더에 모아두면 누구든 필요할 때 편리하게 확인할 수 있다.

사진이나 그림 등의 이미지 파일도 챕터별 폴더로 관리하면 자신이 담당한 파트가 아니어도 누구나 편리하게 그리고 더 적극적으로 공유하게 된다. 이렇듯 소소한 과정의 부담을 덜어주어 집필에 보다 집중할 수 있게 도와준다.

클라우드는 집필 자체의 효율성을 높이는 데도 도움이 된다. 클라우드를 이용할 경우 하나의 파일을 여럿이 실시간으로 공유하여 작업할 수 있다. 각자 쓴 원고를 누군가 다시 취합하고 정리해야 하는 과정이 생략되며, 고친 내용의 이력도 그대로 남아 확인이 편리하다. 또한 댓글로 소통할 수 있다는 점도 매우 편리하다. 댓글로 의

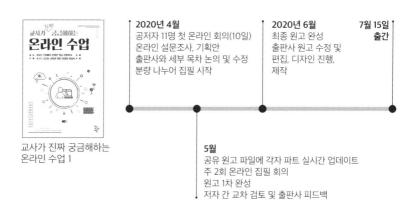

2020년 4월
공저자 11명 첫 온라인 회의(10일)
온라인 설문조사, 기획안
출판사와 세부 목차 논의 및 수정
분량 나누어 집필 시작

2020년 6월
최종 원고 완성
출판사 원고 수정 및
편집, 디자인 진행,
제작

7월 15일
출간

5월
공유 원고 파일에 각자 파트 실시간 업데이트
주 2회 온라인 집필 회의
원고 1차 완성
저자 간 교차 검토 및 출판사 피드백

교사가 진짜 궁금해하는
온라인 수업 1

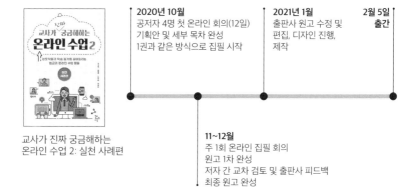

2020년 10월
공저자 4명 첫 온라인 회의(12일)
기획안 및 세부 목차 완성
1권과 같은 방식으로 집필 시작

2021년 1월
출판사 원고 수정 및
편집, 디자인 진행,
제작

2월 5일
출간

11~12월
주 1회 온라인 집필 회의
원고 1차 완성
저자 간 교차 검토 및 출판사 피드백
최종 원고 완성

교사가 진짜 궁금해하는
온라인 수업 2: 실천 사례편

견을 달거나 반영 여부 표시를 하며, 그 기록들도 모두 볼 수 있다. 하나의 파일을 함께 보며 댓글을 달아 의견을 주고받기 때문에 남의 원고에 대한 의견을 개진하는 데 훨씬 개방적인 분위기가 형성되며 원고의 완성도를 높이는 결과를 낳는다. 이렇듯 기록이 한곳에 계속 쌓인다는 것은 공동 집필에 매우 유용한 장점이다.

한편 출판사는 클라우드를 통해 저자들과의 협업이 훨씬 긴밀해 진다. 기획 과정에서부터 진행 상황 체크, 집필 중인 원고의 파악과 실시간 피드백이 상시 가능하다. 의견 조율이나 결정이 필요할 때 저자가 요청 시 온라인 회의에 참석해 공유 문서를 함께 보며 의논할 수 있다. 그리고 원고의 보완이나 수정이 필요할 때 편집자도 저자와 마찬가지로 문서의 해당 부분에 댓글로 요청하고 저자는 그걸 적극 반영한다. 2020년 4월에 '온라인 수업'은 가장 뜨거운 화두였다. 장비도 갖춰지지 않았고 경험도 없는 교사들이 당장 실행하는 과정에서 시행착오가 많았다. 『교사가 진짜 궁금해하는 온라인 수업』의 저자들은 전국 4만여 명의 교사에게 설문을 던지며 가장 궁금한 것이 무엇인지를 파악했다. 이게 사전 마케팅의 효과를 불러와 판매부수가 늘어나기도 했다. 이 책은 온라인 수업에 관한 책 중에서 교사를 대상으로 한 최초의 책이었다. 그것도 2년 차~3년 차의 교사들이 집단지성으로 이뤄낸 결과여서 교육 현장에서 좋은 이미지를 도출했다. 〈학교도서관저널〉의 정기구독이 학교가 아닌 교육 관련 기관으로 확산되는 데에도 기여했다. 앞으로 교육 현장에도 많은 시사점을 안겨줄 것이라 기대한다. 교사들이 집단지성으로 책을 펴내는 일이 많이 늘어날 것이다. 그런 면에서 이 책의 사례는 널리 회자될 것이다.

코로나19의 장기화로 인해 편집자들의 재택근무나 원격업무가 늘어나면서 클라우드 이용이 크게 늘어나고 있다. 클라우드를 이용하면서 재택근무를 하면 근무한 이력이 그대로 드러난다. 출근해서 일하는 것보다 관리가 더 쉽다. 회의도 줌으로 수시로 할 수 있다. 한 출판사는 개인의 책상을 모두 치워버리고 직원들에게 재택근무를 하도록 했다. 업무의 효율이 높은 데다 사무실 공간은 다른 일에 얼마든지 활용할 수 있다는 사실을 알았기 때문이다.

앞으로 일의 성패는 사무실 공간보다 가상공간을 늘려가는 일에 달렸다. 가상공간은 무한대로 넓다. 한 1인출판사 대표는 몇 년 전부터 클라우드의 방마다 저자와 외주 편집자, 디자이너, 마케터를 초대했다. 클라우드에 방이 50개 개설되면 50권의 책이 진행되고 있는 셈이다. 클라우드 방이 1,000개로 늘어나면 관리가 쉽지 않을 것이다. 그러면 직원들을 확충해서 함께 처리해나가면 된다. 어쩌면 기획력이 있는 사람들에게 가상공간의 넓이만큼이나 가능성이 무한대인 세계가 열리는 셈이다.

앞으로도 무한한 가능성을 보여줄 책

앞으로 세상은 어떻게 변할까? 능력 있는 개인은 1인출판사와 1인방송(유튜브), 1인 마케팅 회사를 함께 창업해 서로 연결하면서 수많은 협력자와 미래를 개척해나갈 수 있다. 사무실을 마련하고, 직원부터 채용하는 부담을 지지 않아도 된다. 문제는 상상력이다. 상상력은 어디에서 나올까? 많은 책을 읽고 많은 사람을 만나는 과정에서 나온다.

명말청초의 개혁사상가인 고염무는 "만 권의 책을 읽고, 만리 길을 다녀라讀書萬卷行萬里路"라고 말했다. 만리 길을 걷는 일은 만 명의 사람을 만나 생각의 차이를 확인하는 일이나 마찬가지다. 이것은 책을 여럿이 함께 읽는 것과 같다. 그러니 책을 함께 읽고, 글을 써보고, 쓴 글을 읽고 함께 토론하는 일이야말로 진정한 생존법을 터득하는 일이다. 온라인 수업이 일상화되면서 수준 높은 강의가 온라인에서 진행되고 있다. 사람을 모으지 못해 힘들어하던 대학 밖의 대학을 자처하던 학습공동체들은 팬데믹 상황에서 오히려 새로운 활로를 열어가기 시작했다. 인기 강좌는 수백 명의 수강생이 모이기도 하니 제 세상을 만난 셈이다.

나는 오래전에 "20세기는 '방법론how'만 갖추면, 학교에서 세상을 살아갈 기본적인 지식을 갖추면 평생을 살아갈 수 있는 세상이었다. 그러나 21세기에는 '무엇what'을 어떻게 연결해 새로운 지식을 만들어내는 일이 중요해졌다. 즉 정보를 많이 아는 것이 중요한 것이 아니라 정보가 갖고 있는 의미를 파악할 수 있어야만 한다. 정보는 다른 정보와의 관계 속에서 의미가 발생한다. 정보를 서로 비교하면 차이(변별)가 생긴다. 그 차이가 바로 상상력이다. 이 상상력을 갖춘 사람이 아니면 세상에서 살아남을 수 없다"고 말했다.

나는 〈기획회의〉와 〈학교도서관저널〉을 현장field에서 일하는 이들이 만들어내는 팩트fact를 제시하는 구조로 만들어왔다. 그래서 멍석을 깔아놓고 맘껏 상상력을 발휘해보자고 촉구해왔다. 두 잡지의 장점은 이제 잘 드러나고 있다. 하지만 이제는 멍석을 깔 필요조차 없다. 멍석은 가상공간에 널려 있다. 그 공간에서 우리는 서로 연결하면서 즐거운 인생을 구가할 수 있다.

미래학자들은 앞으로 인간은 120세까지 살면서 29종~40종의 직업을 전전하게 될 것이라고 예언했다. 실제로 그런 세상이 오고 있다. 클라우드를 이용해 동시에 몇 개의 직업을 가질 수도 있다. 이제 우리는 어떤 일자리에서도 살아남을 수 있는 역량을 갖춰야 한다. 어떻게 역량을 갖출 수 있을까? 우리는 헬리콥터를 타고 산 정상에 쉽게 오를 수 있다. 그러나 험한 고개를 수없이 넘으며 산에 오른 사람이 아니라면 산이 지닌 깊고 오묘한 의미를 깨우칠 수 없다. 그래서 주목되는 것이 '신체성'이다. 인터넷에서 한 번의 검색으로 쏟아져 나오는 정보를 읽는 행위와 손으로 책장을 넘기고 밑줄을 긋는 신체적인 훈련을 거치며 읽는 행위에는 엄청난 질적인 차이가 있다.

더구나 아날로그 종이책은 디지털 기술로 말미암아 새로운 종이책으로 거듭나고 있다. 디지털 기술을 활용한 다큐멘터리 일러스트레이션, 행간과 여백까지 고려한 편집, 4도와 별색의 인쇄판을 활용한 디자인, 종이의 다양성 등이 만나 새로운 책을 만들어내고 있다. 이러한 책을 신체적으로 한 장 한 장 넘기면서 찾아내는 감동과 그 감동을 내면화하는 과정에서 인간은 더욱 성숙한다. 이것은

14. 팔리는 텍스트를 최대한 빨리 확보하는 법

편리성만으로는 설명할 수 없는 인간 문화의 기본적 속성이다. 따라서 우리는 이런 신체적인 훈련을 통해 인공지능으로 해결할 수 없는 능력을 키울 수 있다.

하지만 '읽기'만으로는 한계가 있다. 한 권의 책을 읽고 책의 핵심을 200자 원고지 10매 정도의 글(서평)로 정리해볼 필요가 있다. 특히 배우는 학생들은 이런 과정에서 꼭 필요한 지식만 남겨놓고 나머지는 '망각'하는 힘을 제대로 키워야 한다. 그래야만 언제 어디서나 살아낼 수 있는 능력을 근원적으로 갖출 수 있다. 이렇게 페이퍼로드를 열심히 걷는 자만이 어떤 자리에서도 살아남을 수 있다.

수많은 이들이 종이책의 종말론을 들먹였지만 이것이야말로 종이책이 사라지지 않고 여전히 읽히는 진정한 이유다. 그리고 미래에도 종이책이 살아남을 수 있는 이유이기도 하다. 그러니 책은 앞으로도 무한한 가능성을 보여줄 것이다. 물론 힘든 일이긴 하다. 하지만 세계의 모든 시민과 경쟁을 해야 하는 디지털 세상에서 힘들지 않은 일이란 없다. 그러니 출판 창업이라는 꿈에 한번 도전해보시길 권한다.

찾아보기

새로 쓰는 출판 창업

2021년 5월 21일 1판 1쇄 인쇄
2021년 6월 7일 1판 1쇄 발행

지은이   한기호
펴낸이   한기호
편집   도은숙, 정안나, 유태선, 염경원, 강세윤, 김미향, 김민지
마케팅   윤수연
디자인   디자인 경놈
경영지원   국순근
펴낸곳   한국출판마케팅연구소
       출판등록 2000년 11월 6일 제10-2065호
       주소 04029 서울시 마포구 동교로 12안길 14(서교동) 삼성빌딩 A동 2층
       전화 02-336-5675 팩스 02-337-5347
       이메일   kpm@kpm21.co.kr
       홈페이지 www.kpm21.co.kr

ISBN 979-11-968505-3-1 03010